Daniel Atreyu

Schätze der Erde

Das Wesen der Naturkräfte verstehen und heilsam anwenden

Smaragd Verlag

Haftung

Die in diesem Buch enthaltenen Informationen sollen der Aufklärung dienen und ersetzen keine medizinische Diagnose, ärztliche Verordnung oder Behandlung. Sie ersetzen auch nicht den Besuch bei einem Arzt oder Heilpraktiker. Der Inhalt ist allenfalls als Begleitung und Ergänzung zu einem vernünftigen und verantwortungsvollen Gesundheitsprogramm gedacht. Autor und Verlag können für unsachgemäßen Gebrauch keine Haftung übernehmen.

Bitte fordern Sie unser kostenloses Verlagsverzeichnis an:

Smaragd Verlag e.K.
Neuwieder Straße 2
D-56269 Dierdorf
Tel.: 02689-92259-10
Fax: 02689-92259-20
E-Mail: info@smaragd-verlag.de
www.smaragd-verlag.de

Oder besuchen Sie uns im Internet unter der obigen Adresse und melden Sie sich für unseren Newsletter an.

© Smaragd Verlag, 56269 Dierdorf
Deutsche Erstausgabe: Juni 2015
© Cover: Elora M. Föhl, www.elora-mandalas.de
Umschlaggestaltung: preData
Satz: preData
Printed in Czech Republic
ISBN 978-3-95531-110-0

Die Erde trägt den Samen deiner selbst in sich auf Ewigkeit,
lässt du dich auf sie ein,
bist du für die große Wiedervereinigung bereit.
So, wie du in ihr nach unten reist,
reist du in dein innerstes Herz hinein,
triffst auf die Hallen aus allmächtigem Sein.
Aus welchen die Schöpfungskraft entstanden ist –
ein ewig brennendes Feuer, das nie mehr erlischt.
Spüre, wie dich die Erde nährt,
wie sie dich umarmt und bedingungslos liebt,
dir alles, was du zum Leben brauchst,
mit auf deinen Lebensweg gibt.
Tief in ihrem unendlichen Herzensraum
hat sie auf ewig das höchste Wohl aller Lebewesen im Sinn.
Denn sie ist göttlicher Geist in manifestierter Form,
zum Erschaffen und Behüten des Lebens auserkoren.
Bei ihr findest du immer ein Zuhause,
wiege dich in ihr und mach von der Härte deines Lebens Pause.
Denn im Loslassen ist alles begründet,
öffnest du deine Hände gänzlich, ist es die Fülle,
die sich verkündet.

Daniel Atreyu

Inhalt

Gott in der Materie

Ist er nicht wunderschön, unser Planet, der vom Weltall aus als leuchtend blaue Perle des Lebens wahrgenommen werden kann? Mutter Erde, wie die Urvölker unseren Planeten liebevoll nennen, ist mit all ihren Tieren, Pflanzen, Bäumen, Kristallen, Landschafen, Bergen, Flüssen, Tälern, Seen, Naturgeistern, Früchten, Blumen, Düften und vielen anderen wunderbaren Facetten ein direkter Ausdruck des göttlichen Geistes. Sie ist sozusagen ein Sprachrohr des göttlichen, alles durchdringenden Bewusstseins. Hingegen der katholischen Weltsicht, in der Gott oft als alter Mann mit weißem Bart irgendwo da oben im Himmel verehrt wird, ist bei vielen indigenen Völkern Mutter Erde, die heilige Erdgöttin und Lebensspenderin, gleichbedeutend mit dem göttlichen Geist, dem Spirit, aus dem alles hervorgeht. Sie sind sozusagen die zwei Seiten der gleichen Medaille.

Hier möchte ich dir eine Schöpfungsgeschichte aus der germanischen Mythologie nahebringen, die die Bedeutung und Rolle der Erdgöttin in der indigenen Schöpfungswelt sehr anschaulich macht:

Odin und Jördh
Die Geschichte besagt, dass der allmächtige Gott Odin, der Allvater der germanischen Götterwelt, sich eines Tages sehr einsam fühlte. So begann sich in ihm die Herzenssehnsucht nach einem zweiten Ich auszubreiten. Alles, was er erblickte, war ein Teil von ihm und aus ihm erschaffen, wodurch er außer seiner selbst nichts erfahren konnte. Deshalb beschloss er, sich ein Gegenüber zu erschaffen, um seine innerste Sehnsucht zu stillen. So kam es, dass die Erde entstand.

In der germanischen Mythologie wird die Erdmutter auch bei dem Namen Jördh genannt. Am Anfang lag die Erdgöttin dunkel und ungeordnet vor Odin. Als sie jedoch eines Tages den süßen Duft von Blüten und Blumen verströmte, bekam der Gott Interesse an der schönen Frau und ihrem betörenden Anblick. So wollte er ihre Liebe und Macht erringen. Seine Gotteskraft hatte ihm bislang über das Sprechen der Runen – jener altgermanischen Zauberzeichen – die Macht gegeben, alle Lebewesen sinnestrunken zu machen und sie somit in seinen Bann zu ziehen. So war er auch in diesem Fall fest entschlossen, die altbewährte Methode bei der ihn betörenden Erdmutter anzuwenden, um sie sich gefügig zu machen. Doch zur Überraschung des allmächtigen Gottes hatten die Runen auf Jördh keinerlei Wirkung. Sie erkannte Odins Vorhaben sofort, wischte den Zauber beiseite und stellte ihn zur Rede: „Siehst du nicht, ich bin keine deiner Schöpfungen, sondern dir ebenbürtig. Ich habe tief in die Mysterien von Schöpfung und Materie geschaut und vieles erfahren. Du bist ein Gott, doch Urgrund bist du nicht. Ich habe Dinge gesehen, die dir fremd sind – so sieh mich als deinesgleichen." In diesem Moment musste der Schamanengott der Realität ins Auge schauen. Die Erde, die später seine Gemahlin werden sollte, war ihm bei der Schöpferkraft ebenbürtig.

Die Kunst des Geschichtenerzählens ist uralt. Über die alten Geschichten können wir sehr viel über unsere Wurzeln, die Quellen unserer Kraft und das Verständnis früherer Zeiten erfahren. Viele mythologische Geschichten wurden von Eingeweihten, Schamanen, Sehern und Priestern, männlichen und weiblichen Geschlechts, geschrieben. So boten sie schon in früheren Zeiten auf der einen Ebene Unterhaltung und Mystik für das Volk und tiefe Weisheit und Wege der Einweihung für diejenigen, die gewillt waren, genauer hinschauen und tiefer zu fühlen, um sich an das alte Wissen in sich zu erinnern. Viele Geschichten, wie auch die folgende, beschreiben alte Einweihungswege.

Die zweite Geschichte um Odins verlorenes Auge und den Riesen Mimir zeigt sehr schön, welche Verbindung zwischen dem göttlichen Geist und der Materie besteht.

Odins Auge und Mimirs Brunnen

Der Stolz Odins und sein unstillbarer Durst nach Allwissenheit ließen ihn nicht ruhen, dass es Wissen gab, das ihm unzugänglich war. So machte er sich auf die Reise zu dem Riesen Mimir, um aus dessen Brunnen des Allwissens zu trinken. Schon seit Urzeiten herrschte ein Kampf der Götter von Asgard und Wannaheim („dem Licht") mit den Eis-Riesen („der Materie"). Doch Odin war fest entschlossen, vom Wissensdurst durchdrungen und geblendet, die Reise ins Reich der Riesen anzutreten. Er legte sein Göttergewand ab und nahm eine unauffällige Verkörperung als Wanderer an, um sich in Mimirs Reich Zutritt zu verschaffen.

Dort angekommen, bat der Gott mit den Worten: „Ich bin bloß ein armer durstiger Wanderer, der sich an deiner Quelle erfrischen möchte", um einen Schluck Wasser aus dem Brunnen des Wissens. Der Riese Mimir, mit Allwissenheit und innerem Sehersinn begnadet, erkannte das falsche Spiel des Gottes und sagte: „Was willst du hier, Gott, was treibt dich, deiner Heimat fern, ins dir fremde Riesenreich? Ist es wohl der Durst nach Allwissenheit, der dich nicht still werden lässt? Doch sei dir gewiss, dass die Gabe der höchsten Erkenntnis auch vom tiefsten Schmerz erfüllt ist."

Vom Riesen erkannt, offenbarte Odin, die Deckung langsam

fallen lassend, den wahren Beweggrund seines Kommens. So kamen die beiden ins Gespräch, bis Mimir einwilligte, Odin einen Schluck Wasser aus dem heiligen Brunnen zu schenken. Im gleichen Zug verlangte er aber ein Auge Odins als Pfand. Der Sage nach blitzte Odins sonnendurchdrungenes Auge noch einmal auf, bevor es anschließend von Mimir dem Grund des Brunnens geopfert wurde.

Das ersehnte Wissen wurde dem Allvater zugänglich gemacht, doch auch der Schmerz des Vergessens, der tiefsten und dunkelsten Materie, wurde vom Götterauge erblickt. Niemals hörte man den Gott in der Götterwelt Asgard von seinem Erlebnis und seiner direkten Schau berichten. Doch konnte mancher den tiefen Schmerz der Erfahrung in seinem Auge erkennen, den er an diesem Tag erblickt hatte. Durch dieses Erlebnis erlangte Odin sein Geschenk der Hellsichtigkeit und des Allwissens. Das allsehende Dritte Auge wurde ihm geöffnet. Dafür musste er aber eines seiner weltlichen Augen opfern. So wird Wotan, wie Odin in alten Erzählungen auch genannt wird, auf Zeichnungen oft einäugig dargestellt.

Persönliche Deutung der Geschichte

Wir finden in dieser Geschichte einen alten Einweihungs- und Erleuchtungsweg. Odin als Gott symbolisiert das Licht in uns. Die Riesen stehen für die „unbeseelte", noch zu formende Materie, sozusagen das Chaos unserer seelischen Wunden und des Schmerzes, der noch nicht von der Bewusstheit der Liebe und des Gewahrseins berührt und, vor allem, gespürt wurde. Odins Tat ist eine derjenigen, die wir in einigen indigenen Traditionen finden. Mit seinem Bewusstsein, seiner Kraft und göttlichen Liebe berührt er den tiefsten Schmerz, das Chaos der Schöpfung. Er macht sich den kollektiven Weltschmerz bewusst. Somit geht er den Weg, den auch Jesus vorausgegangen ist – den Weg aus der Dunkelheit ins Licht.

Immer wieder gab es Schamanen, Heiler, Propheten und Heilige, die durch das Erkennen der Einheit auch den damit verbundenen Weltenschmerz ins sich berührt und dadurch ins Bewusstsein gebracht haben. So können wir uns an die Worte von Jesus erinnern, die ich hier sehr frei wiedergeben möchte: „Solange noch eine Seele hier Hunger leidet, werde ich nie ganz satt sein." Denn in der Einheit gibt es keinen Unterschied zwischen deinem, meinem, ihrem und seinem Schmerz. Es wird erkannt, dass alles in einem Bewusstsein geschieht und wir alle miteinander verbunden sind. So stellt sich der erleuchtete Geist in den Dienst der ganzen Welt und der Menschen. Nicht weil er dienen will, sondern weil er erkennt, dass er alles ist und außer ihm nichts existiert. Sein Mitgefühl führt ihn regelrecht in diesen Weg hinein. So steht das Auge Odins, das in den Brunnen geworfen wird, für das Sinnbild der Erleuchtung des Leidens des gesamten Planeten.

Das Geschenk der Hellsichtigkeit bekam er, weil er bereit war, sein Herz für die Einheit zu öffnen. Die weltlichen Augen sehen viel, doch das Wesentliche bleibt ihnen stets verborgen. Das Essentielle können wir nur mit dem Herzen sehen, denn das Herz sieht tief. Wenn wir unser Herz öffnen, zeigt sich die Liebe, jedoch auch der Schmerz, den wir in unserem Leben verdrängt haben. Diese schmerzvollen Gefühle halten sehr viel Tiefgang und Weisheit für uns bereit, wenn wir den Mut finden, uns ihnen zu stellen. Sie werden zu persönlichen Kraftquellen, aus denen wir unser Potenzial schöpfen können.

Der Alraunen-Schöpfungsmythos

In vielen alten Kulturen finden wir heilige Pflanzen und Tiere, die in den Schöpfungsmythen eine entscheidende Rolle spielen. Sie tragen und trugen dazu bei, dass die Schöpfung, wie wir sie heute kennen, überhaupt erst entstehen konnte. Sie halten sozusagen den Rahmen für den Entwicklungsraum, der sich durch das Erdenleben geöffnet hat. Dadurch wird diesen Pflanzen und Tieren des Wissens in der schamanischen Kosmologie auch ein besonderer Respekt entgegengebracht. Oft dienen sie dem Schamanen dazu, sein Bewusstsein auf höhere oder, besser gesagt, tiefer liegende und dadurch ganzheitlichere Ebenen der Schöpfung einzuschwingen.

„Als die Welt lag dunkelgrau,
und nur das Chaos herrschte vor,
berieten Götter und der Göttinnen-Rat,
was mit der Erde wohl geschehen mag.
Durch Tage hell und Nächte dunkel,
durch des Himmels Sterngefunkel,
galt es zu erspähen Licht, doch ohne Heilung ging es nicht.
So traten sie zusammen, berieten in Flammen,
was zu tun, was komme nun?
Galt es zu erschaffen Leben, dem die Kunst,
aus Schatten Liebe zu machen, gegeben.
Doch wo der Beginn, wo der Lichtungs-Sinn?
Aus der Tiefe der Schöpfung hallt hervor Alraunenruf
im singenden Chor.
Gesänge, und aus dem Dunkel wurde Licht – in der Vision –,
doch ohne Zeitraum erscheint es nicht.

So wurde gepflanzt in der Erde Kern
Alraunenmann und -frau, um das Chaos zu bekehren.
Mächtig war des Drachen Ruf,
dass er das Sehnen nach mehr Leben schuf.
Gepflanzt als Samen in die Erde,
damit die Menschheit glücklich werde."

Die Erdenhüter

Die indigenen Kulturen wissen, dass der Mensch als Hüter dieser Schöpfung auserwählt wurde. Diese urschamanischen Traditionen sind sich bewusst, dass wir niemals aus dem Paradies vertrieben wurden. Die Erde hat als lebendiges Wesen das Potenzial, uns Menschen mit allem zu versorgen, was wir zum Leben brauchen, selbst angesichts der wachsenden Bevölkerungszahlen. Es geht um die Verantwortung eines weisen, nachhaltigen Umgangs mit den Ressourcen und einer globalen, menschlich-sozialen Einstellung im Allgemeinen. Im Grunde geht es um die wachsende Bewusstwerdung dessen, dass wir als Menschen alle im selben Boot sitzen und fernab von Rassen oder Ländern auf ein gemeinsames Ziel zusteuern sollten. Denn die Erde wird den Menschen bestimmt überleben. Die Frage ist nur, ob wir den Lebensraum erhalten können, den wir als Lebensgrundlage brauchen.

Die Erde ist als Paradies gedacht, die Welt die wir daraus gemacht haben, hat diesen globalen Status leider schon lange eingebüßt. Das Schöne ist aber, dass es nie zu spät ist, etwas zu verändern. Uns darf nur bewusst werden, dass jegliche Veränderung zuerst in jedem von uns geschehen darf, bevor „die Welt" sich verändern kann.

Die Fülle des Lebens und der Heilung

„Gegen jede Krankheit ist ein Kraut gewachsen", ist ein weiser und geläufiger Spruch aus der Apotheke Gottes. Er basiert auf dem tiefen Verständnis, dass die Natur uns mit allem versorgen kann, was wir für unsere körperliche, mentale und emotionale Gesundheit benötigen. Die Inhaltsstoffe von Lebensmitteln, Heilkräutern und -pflanzen können gewisse körpereigene Prozesse in Gang und in die Heilung bringen. Doch ist das körperliche Wirkspektrum der Inhaltsstoffe nur einer der Wirkungsbereiche. Die Pflanze besteht sowohl aus ihren Inhaltsstoffen, als auch aus ihrem beseelten Wesen, das eine bestimmte energetische Schwingung innehat. Sozusagen haben jede Pflanze, jeder Stein und jedes Tier ein ihrem Wesen eigenes Schwingungsmuster. Würde man die Pflanze auf ihre Inhaltsstoffe begrenzen, wäre es so, als würde man einen Menschen als eine Ansammlung von Wasser, Blut, Haut, Gewebe und Knochen sehen. Dabei würde der Seelenaspekt völlig außer Acht gelassen werden.

Auch der Mensch ist ein Schwingungssystem. Er besteht zu ungefähr 80 Prozent aus Wasser, das bekanntlich ein effektiver Schwingungsträger ist. Fühlen wir uns freudig, ekstatisch und optimistisch, schwingen wir höher, als wenn wir uns deprimiert, falsch auf der Welt oder pessimistisch fühlen.

Aus der Physik wissen wir, dass sich die Schwingung eines Systems, zum Beispiel Schall und Vibration, auf ein anders Medium übertragen lassen. So beeinflussen sich auch zwei Schwingungssysteme, zum Beispiel Mensch/Mensch und Mensch/Pflanzenschwingung, gegenseitig, wenn sie miteinander in Kontakt kommen. Umgeben wir uns also mit den harmonischen und reinen Kräften und Schwingungen der Natur, können wir

Harmonie in uns und als ausstrahlende Wesen auch in unserem Umfeld erzeugen. Die Kräfte der Natur – in Form von Bergen, Pflanzen, Bäumen, Steinen, und Tieren – weisen eine sehr reine Schwingung auf. Dadurch gehen sie mit einem Teil von uns in Verbindung, der uns an unsere eigene Natur erinnert, die ebenfalls dieser reinen Quelle entspringt.

Nach dem zeitlosen Wissen der peruanischen Schamanen und Heiler wissen wir, dass der Mensch das einzige Wesen ist, das Hucha (ungeordnete und schwere Energie) erzeugt. Alle anderen Lebewesen haben Sami (reine, leichte und klare Energie) als arteigenen Ausdruck. Der Mensch kann nicht verhindern, dass Hucha in seinem Leben entsteht. Es entsteht durch die Diskrepanz zwischen Denken, Fühlen und Handeln und in der zwischenmenschlichen Interaktion. Wir haben nur die Möglichkeit, uns immer wieder davon zu reinigen und uns mit Sami aus der Natur aufzuladen und auszugleichen.

Auch wenn Hucha nicht als „negativ" gewertet werden kann, macht es sich der Schamane zur Aufgabe, möglichst viel Sami in sich zu generieren. Dadurch kommt er in seine Kraft, erweckt seine Potenziale und übersinnlichen Fähigkeiten und kann seinen Weg klarer sehen und gehen. Er lernt, seine eigene Kraft zu verstärken und auf die lebendige Energiematrix einzuwirken, um Heilung für die hilfesuchenden Menschen, die Gemeinschaft und das Land zu erwirken.

Das Despacho – Ein Zeichen der Dankbarkeit

Eine Dankesgabe an Mutter Erde und/oder die Spirits (Krafttiere, Berge, Flüsse, Helferpflanzen…) ist ein in vielen Regionen und Urkulturen der Welt verbreitetes Ritual. In Peru wird sie beispielsweise als Despacho bezeichnet und oft als größeres Ritual durchgeführt, bei dem Gaben in einem rituellen Raum, begleitet von Liedern der Kraft, einem heiligen Feuer übergeben werden. Durch diese Handlung werden die lebendigen beseelten Wesen geehrt, die uns Heilung, Erkenntnis und Kraft bringen, und es wird die Balance zwischen Mensch, Erde und Himmel aufrechterhalten und wieder hergestellt. Dankbarkeit ist die Grundlage einer liebevollen Verbindung mit den Naturkräften und natürlich zu uns selbst – sie wahrt das natürliche Gleichgewicht aller Dinge.

Der Schamane pflegt seine Beziehung zu den „Geistern" und stärkt sie über eine „heilige Gabe", denn er weiß, dass Mutter Erde und ihre Lebewesen die Quellen seiner Kraft sind. In den indigenen Völkern ist es gang und gäbe, eine Gabe an die Erde zu übergeben, wenn dort Pflanzen beziehungsweise Pflanzenteile geerntet oder Tiere für Nahrungszwecke getötet werden. In der Gesellschaft, in der die meisten von uns aufgewachsen sind, hat sich dahingegen die Art des Konsumdenkens durchgesetzt. Wir sind es gewohnt, von der Erde zu nehmen, doch wurde uns meistens nie gezeigt, wie wir etwas zurückgeben können, um all die Gaben (Essen, ein Dach über dem Kopf, einen Körper, die Erfahrung der Welt als Lern- und Liebesraum im Allgemeinen) über eine rituelle Handlung zu ehren und dadurch wertzuschätzen. Das Despacho ist eine schöne Gelegenheit, um sich wieder daran zu erinnern.

In unseren Breitengraden kann eine Dankesgabe über ein Häufchen Blütenpollen, etwas getrockneten Beifuß, ein Glas Wein/Met, Wacholderbeeren, Mistelkraut, Hirse oder eine andere „heilige Pflanze der Großen Göttin" geschehen. Wenn man nichts Passendes mit sich trägt, ist auch ein Kopfhaar eine passende Gabe. Die Gabe ist immer etwas Wertvolles. Es wird nichts gegeben, was man „loswerden" möchte. Es geht dabei um das ehrliche Wahren des Gleichgewichts zwischen Mensch und Natur – zwischen Geben und Nehmen.

Eines Tages ging ich mit einer Freundin und einigen Kindern im Wald spazieren. Als ein Mädchen eine Pflanze aus dem Boden riss, um sie ihrer Freundin zu zeigen, sagte diese: „Hey, das ist hier kein Supermarkt!" Ich fand diesen Satz schön, da er symbolisiert, dass wir uns in der Natur nicht einfach so, unbewusst und maßlos, bedienen sollten. Es ist schön, Mutter Natur als das anzuerkennen und zu ehren, was sie ist: ein wunderbares Geschenk.

Da wir in diesem Buch speziell mit den Energien der Lebewesen und nicht mit den Lebewesen direkt „arbeiten" werden, bietet es sich an, dass du dir zu Hause eine Art Dankesschale zulegst. Sie kann auf deinem Altar oder an einem anderen dafür gedachten Platz stehen. Schön ist es, wenn ein paar Kerzen, Bilder von Symbolen und Personen, die dir wichtig sind, und Räucherwerk diesen Platz schmücken – so kannst du dir auf einfache Weise deinen eigenen Dankesaltar schaffen. Ich lade dich ein, dass du dort in regelmäßigen Abständen in ruhiger und bedachter Grundstimmung eine Gabe übergibst, Kerzen oder Räucherwerk entzündest. So kannst du dich für die Unterstützung durch die Naturkräfte und das Geschenk des Lebens selbst bedanken. Die Gaben aus der Dankesschale können in regelmäßigen Abständen der Erde übergeben werden. Als Großstädter übergibt man sie einfach liebevoll der Biotonne, in dem Wissen, dass alles irgendwann wieder dem großen Kreislauf zugeführt wird.

Sei dir gewahr, dass Mutter Erde all jenen tiefe Wurzeln schenkt, die ihre Gaben anerkennen und dankbar dafür sind. Denn wie du bestimmt weißt, ist es die Liebe, die uns auf einer tiefen Ebene miteinander verbindet. So ist sie auch in diesem Fall einer der Schlüssel zu einer direkten Verbindung zur Mutter allen Seins: Mutter Erde.

Das Gitternetz und die Evolution des Seins

Das Bewusstsein hat sich im Laufe der Zeit in verschiedenen Stufen entwickelt. Aus einigen schamanischen Überlieferungen und auch in den Aufzeichnungen Rudolf Steiners können wir folgende Entwicklungsstadien der Bewusstwerdung finden:

1. Stein,
2. Pflanze/Baum,
3. Tier,
4. Mensch,
5. Höheres Selbst – „Engelwesen".

Das Bewusstsein wurde im Laufe seiner Evolution immer komplexer und sich zunehmend seiner selbst gewahr. So stehen wir als Menschen heute an dem Punkt, an dem wir uns unserer selbst bewusst sind – wir haben Selbstbewusstsein. Kurzfristig haben wir dadurch jedoch vergessen, den Zugang zur Einheit wahrzunehmen. Die Verbindung mit den Kräften der Natur und auch mit unserem Höheren Selbst kann uns wieder an dieses tiefliegende Wissen des Einsseins erinnern, das schon seit Urzeiten in uns abgespeichert ist.

Wenn wir uns diese evolutionäre Entwicklung anschauen, können wir eine Art Stockwerkbau erkennen wie bei einem mehrstöckigen Gebäude. Die unteren Stockwerke sind notwendig, um die höherliegenden zu tragen beziehungsweise sie mit den grundlegenden Qualitäten zu versorgen. Diese einzelnen Bewusstseinsgitternetze greifen ineinander, wobei das überliegende immer aus dem unterliegenden Informationen in Form von Energie zur Verfügung gestellt bekommt. Somit ist jede dieser Evolutionsstufen gleich bedeutend und ein notwendiger Teil im Gesamtgefüge unseres planetaren Kollektivbewusstseins.

Die Mineralien und Steine bilden die Basis, auf der das Erdenleben fußt. Deshalb werden sie bei vielen Naturvölkern aufgrund ihres Alters oft als Großväter und Großmütter bezeichnet. Die Steinwesen weisen einzelne Qualitäten auf, die in ihrer Zusammensetzung meistens sehr einfach aufgebaut sind. Sie bilden sozusagen ein grundlegendes Bewusstseinsnetz aus Ur-Energien. Dadurch können uns Steine und Mineralien sehr viel Kraft und Stabilität geben. Sie liefern und unterstützen sozusagen die Grundqualitäten, die wir für unsere Leben brauchen, und können somit auch Defizite in diesem Bereich ausgleichen.

Wenn wir weitergehen zu den Pflanzen und Bäumen, können wir eine komplexere Zusammensetzung an energetischen Wesensqualitäten sowie physikalischen Naturvorgängen (zum Beispiel Photosynthese, Nährstoffkreisläufe usw.) erkennen. Mehrere Ur-Qualitäten sind nun in einem facettenreichen Aufbau wiederzufinden. Im Biologischen können wir sehen, was auch in der Energetik passiert. Die Pflanze benötigt gewisse Mineralstoffe, um leben zu können. Durch die Nährstoffaufnahme werden die spezifischen Energien dieser Mineralstoffe sozusagen Teil des Pflanzen- beziehungsweise Baumwesens. Das scheinbar statische Leben, das wir im Mineralienreich vorfinden, kommt stärker in den Fluss. Der Umgang mit Pflanzen- und Baumenergien hilft uns, die lebendigen Prozesse von Wandlung, zwischenmenschlicher Interaktion, emotionaler Reinigung und persönlicher Reife anzuregen und zu unterstützen.

Tiere ernähren sich von gewissen Pflanzen und Mineralien oder anderen Tieren. Auch hier können wir sehen, wie bestimmte Energien in ein Lebewesen „höherer" Ordnung übergehen. Die energetische Konstitution eines Tiers ist in der Beschaffenheit komplexer als die einer Pflanze oder eines Baums.

Auch können wir erkennen, dass Tiere der gleichen Spezies sehr unterschiedliche Charaktereigenschaften („Selbstbewusstsein") ausprägen können, was bei Pflanzen und Bäumen nicht in diesem Umfang möglich ist, da sie stärker an ihr kollektives Artenbewusstsein gekoppelt sind. Somit stellt das Tierbewusstsein ein Informations-Gitternetz zur Verfügung, das in der Entwicklung dem des Menschen sehr nahesteht. Es bietet sozusagen ein weit umfassendes Netz aus individuellen Energieausprägungen, die aus einem komplexen Gefüge von aufeinander abgestimmten und Synergie erzeugenden Einzelenergien beruht. Durch den Zugriff darauf hat das menschliche Bewusstsein die Möglichkeit, sich auf gewissen Ebenen der Entwicklung auszugleichen.

Durch die energetische Arbeit mit Tierenergien können wir mit unseren instinktiven und erdnahen Kräften in Verbindung kommen. Wir erlangen die Möglichkeit, unsere triebhafte Natur und unbewusste Themen ins Bewusstsein zu bringen, um sie zu heilen. Die Energie der Tiere unterstützt uns dabei, präsenter im Körperbewusstseins verankert zu sein und aus dem Verstand in die Stille des Seins einzutauchen.

Prägen der Heilenergien in ein Medium

Es gibt verschiedene Arten, sich mit der Energie einer Pflanze, eines Steins, eines Baums oder eines Tiers zu verbinden. Der geübte Energetiker macht das, indem er sich mit den Kräften über die Veränderung seines Bewusstseinsfokus verbindet. Auch „energetisches Trommeln" hilft, auf ganzheitlicher Ebene mit einer Energie eins zu werden und die Schwingung bis in den körpernahen Bereich zu bringen, damit die heilsamen Informationen bis in die Zellen und in die DNA vordringen können. Auch das Tönen ist eine Möglichkeit, bestimmte Energien effektiv zu transportieren. Dabei wird die Schwingung − in diesem Fall die der Stimme − genutzt, um ein heilsames Resonanzfeld zu erzeugen. Über die Klangfrequenz wird das Energiesystem sozusagen mit einer neuen Energie, der Qualität der Naturkraft, informiert. Wir kommen im übernächsten Punkt auf einfache Methoden der Energieübertragung zu sprechen.

Auswahl der gewünschten Heilschwingungen

Um die für dich passende Stein-, Pflanzen-, Baum- oder Tierschwingung zu finden, kannst du im Qualitätsindex nachsehen, was du dir gerade wünschst oder in diesem Moment oder in dieser Phase deines Lebens brauchst. Die Qualitäten sind hier nach alltagsnützlichen Gesichtspunkten gegliedert.

Die folgende Methode, die passende Energie zu finden, ist intuitiver. Du nimmst einfach dieses Buch zur Hand und stellst dir im Inneren eine Frage: „Was tut mir gerade gut?" oder „Was brauche ich, um diese Situation, Herausforderung oder Krankheit zu meistern?" Mit dieser innerlichen Frage und geschlossenen Augen fängst du an, das Buch durchzublättern und lässt dich von der Seite anziehen, die die passende Qualität für dich bereithält. Wenn du die Seite hast, öffne deine Augen und lass zu, dass dein Blick von dem Lebewesen angezogen wird, das dir bei dem Thema helfen kann. Diese Methode ist ähnlich wie das Ziehen der Karten beim Tarot. Dein Unterbewusstsein kennt die Lösung und wird dich führen – vertraue einfach. Wenn du dir anschließend den Text durchliest, wirst du vielleicht schon merken, wie gut die ausgewählte Kraft zu deinem Anliegen passt.

Es ist ratsam nicht *mehr als 4 Schwingungen* auf einmal *in ein Trägermedium* (Wasser, Globuli oder Bergkristall) zu prägen. Wenn man zu viele Energien mischt, kann es unter Umständen zu unerwünschten Wechselwirkungen oder zu starker Prozessaktivierung kommen.

Einfache Methoden der Energieübertragung

Die folgenden Methoden lassen sich ohne große Schulung und energetisches Hintergrundwissen anwenden. Hierbei wird ein Medium (zum Beispiel Wasser, Kristall oder Globuli) verwendet, das Informationen der gewünschten Heilschwingung bekommt.

1. **Das Wasserglas**
   Bei dieser Methode nutzen wir die Speicher- beziehungsweise Leitfähigkeit des Mediums Wasser. Dazu ist es erforderlich, die ausgewählte Schwingung/Schwingungen, zum Beispiel Tiger, Sodalith und Beifuß, in einen gezeichneten Kreis zu schreiben. Das Wasserglas oder die Karaffe können dann *einfach in den Kreis gestellt werden.* Es dauert ca. zehn Minuten, bis die Schwingung beginnt, sich im Medium

zu setzen, nach drei Stunden ist das Wasser gänzlich mit der Information angereichert – also bereit zur Nutzung.

2. Einschwingen mit dem Pendel in ein Medium

Um diese Methode anwenden zu können, benötigst du ein Pendel und ein geeignetes Speichermedium (Wasserflasche, Wasserglas oder neutrale Globuli). Das Einschwingen ist ein kleines Ritual, bei dem wir uns die universellen Kräfte der Schöpfung zunutze machen, indem wir sie um Unterstützung bitten.

Beginne das Ritual mit einigen tiefen Atemzügen, um ganz bei dir anzukommen. Stelle ein Wasserglas, eine Flasche oder eine Portion Globuli (eventuell in einem Gefäß oder Röhrchen) vor dich. Nun bitte die Geistige Welt, Mutter Erde und die vier Elemente (Erde, Luft, Feuer und Wasser), dir dabei zu helfen, die ausgewählten Kräfte beziehungsweise Energien von zum Beispiel "Pfau, Schlange, Achat und Eiche" *auf allen Ebenen der Heilung, die für dich gerade wichtig sind*, in das Medium einzuschwingen. Gib dem Pendel mit dem Finger einen Schubs, damit es *im Uhrzeigersinn* (*Rechtsdrehung* = Einschwingen; Linksdrehung = Ausschwingen) beginnt, sich um das Medium zu drehen. Lass sich das Pendel so lange drehen, bis es von alleine zum Stillstand kommt. Wenn das Pendel still geworden ist bestätige noch einmal:

„Hiermit sind die Kräfte/die Energien von (zum Beispiel Pfau, Schlange, Achat und Eiche) auf allen Ebenen der Heilung, die für mich gerade wichtig sind, eingeschwungen. So sei es! So sei es! So ist es!"

Bedanke dich anschließend bei der Geistigen Welt, Mutter Erde und den vier Elementen.

Danach kann man das Wasser oder die Globuli über den Tag verteilt einnehmen, um sich mit der gewünschten Schwingung zu verbinden. Es ist immer ratsam, mit kleineren Dosierungen zu beginnen und diese anschließend zu steigern.

Zusatzinformationen

Bei dieser Methode ist mehr die Handhabung als die Art des Pendels von Bedeutung. Der Einschwingungsprozess kann je nach Übung einige Sekunden bis zu einer Minuten dauern. Mit der Zeit wirst du dein Gefühl für die passende Dauer bekommen. „Neutrale Globuli" (uninformierte Saccharose-Streukügelchen) kann man in jeder gut sortierten Apotheke unter dem Namen „medizinische Globuli" bestellen.

Prägen der Heilenergie in einen Kristall

Kristalle werden schon seit Urzeiten als Speicher für Informationen und Heilenergien verwendet. Den indigenen Völkern dienten sie als Berater, Heilungshelfer und Bewahrer von altem und ewigem Wissen. Ein Quarzkristall besteht hauptsächlich aus Silizium, das heutzutage als Rohstoff in Computern als Speichermedium für Daten verwendet wird.

Bei dieser Methode ist es ratsam, dass du dir zwei Bergkristalle, getrommelt oder in Reinform als Spitze (wirkt Energie verstärkend), besorgst. Den zweiten Kristall brauchst du für die Übergangszeit, während der andere Kristall wieder gereinigt beziehungsweise entladen wird. Ob du den Kristall um den Hals oder in der Hosentasche tragen möchtest, bleibt ganz dir überlassen.

Der Kristall wird auf dieselbe Art wie das Wasserglas geprägt. Die Namen der Energien (zum Beispiel Platane, Wolf, Smaragd, Gold) werden in einen gezeichneten geschlossenen Kreis geschrieben. Das „Prägeritual" folgt wie bei der Einschwingung mit dem Pendel. Wir bitten die Geistige Welt, Mutter Erde und die vier Elemente um Unterstützung, die besagten Energien in den Kristall zu prägen, und lassen den Kristall mindestens einen halben Tag im Kreis liegen.

Danach kann der informierte Kristall verwendet werden. Indem man den Kristall bei sich trägt, wird die Schwingung kontinuierlich ins Energiefeld und an den Körper abgegeben. Die Wirkung wird jedoch um ein Vielfaches verstärkt, wenn man den Kristall mehrmals am Tag zwischen die Handflächen nimmt und die Energien bewusst einatmet, da dadurch die Energie durch die Aufmerksamkeit „aktiviert" wird.

Wenn du die Energiequalitäten (zum Beispiel Schlange und Mistel) in deinem Kristall wechseln möchtest, nimmst du einfach den zweiten Kristall und lädst ihn mit den neuen passenden Energien (zum Beispiel Silber, Birke und Wildschwein) auf. Um den zuvor geprägten Kristall von den gespeicherten Energien (in diesem Fall Schlange und Mistel) zu reinigen, legst du ihn einfach in eine Schale mit Wasser. Bitte die Geistige Welt, Mutter Erde und das Element Wasser, die Informationen und alles, was nicht Liebe ist, zu reinigen. Mit der Zeit bekommst du vielleicht ein Gefühl, wann der Kristall wieder „frei" ist. Manchmal kommt die Wasserschale dann ins Bewusstsein und „ruft" dich. Das kann durch ein Gefühl oder einen Gedanken an den im Wasser liegenden Kristall geschehen. Lerne, deiner Intuition zu vertrauen. Nachdem du den

Kristall mit reinem Wasser abgespült und das Abwasser entsorgt hast, ist die Reinigung vollendet.

Hinweis:

Die Schale für die Kristallereinigung sollte nach dieser energetischen Nutzung nicht mehr für den alltäglichen Lebensmittelgebrauch benutzt werden.

Mensch-Sein

„Du wurdest geboren, um Liebe zu leben und Licht in die Schatten zu bringen.

Dann kann sich die Evolution nach vorne bewegen, kreiert nach dem göttlichen Plan der absoluten Lichterscharen.

Als Engel erfunden, in den tierischen Körper gebunden, damit sich verbindet, was der Weltenseele dienlich ist.

Bist du das reinste Licht, auch wenn du es manchmal vergisst.

Du bist eins mit des Schöpfers Werk der Natur,
es erinnert dich stetig an die Liebe in dir.

Die Steine, die Pflanzen, die Bäume und Berge, die Hügel, die Wälder, die Feen und die Zwerge – alle tanzen sie im Licht, siehst du das nicht?

Sie sind bereit, dir zu helfen, zu sprengen die Grenzen.

Verbinde dich mit ihnen und finde deinen Sinn,
warum du hier bist seit deiner Schöpfung Anbeginn.

Denn erst dann wirst du wahrhaft Frieden,
Freude und überschäumendes Glück in deinem Herzen finden – bist du auf deinem Weg, werden die Hindernisse schwinden.

Herausforderungen wird es immer geben, doch der geführte Geist ist geleitet vom Segen.

Spüre, wie Gott in deinem Herzen thront,
dann wird deine Reise zu einer, die sich wahrhaftig lohnt.

Höre das Flüstern der Natur – im Rauschen des Windes, in der Blüte einer Blume, im Summen der Biene – es ist Liebe pur.

Erinnert dich daran, was auch du bist, damit du es nie und nimmer vergisst."

Mond

(Reinigung, Sanftheit, Gefühl, Kontakt zum Innen, Sein, Liebe)

„Ich bin die Königin unter den Lichtern,
schütze dich vor Dämonen und dunklen Gesichtern.
Wasche dich rein im allmächtigen Sein.
Auf dass alles seinen Platz einnimmt,
jedes Wesen das Lied seiner eigenen Seele singt.
Zusammen sind wir stark, ist es mein Licht, das uns zu einen vermag.
Trost spende ich in Zeit von Trauer und Schmerz,
öffne dich dafür, lass auch sie in dein Herz.
Denn dort, wo der Liebe Wohnsitz ist,
hören Gedanken auf zu kreisen, entstehen Gefühle –
werden zu Seelenreisen.
Nimm mich so, wie ich bin, ich lehre das Sein,
wasche dich von allem rein.
Rufe mein Licht und höre mein Singen, es wird dich auf deinen Weg zurückbringen."

Sonne

(Erleuchtung, Weisheit, Wachstum, Fülle,
allumfassende Liebe, Gemeinschaft)

„Von hoch oben strahle ich hinab, bringe dir Licht,
Erleuchtung und Liebe, aus denen ich lebe.
Du bist ein Gottesgeschenk, das zeige ich dir auf diesem Wege.
Denn mein Schein ist auch in deinem Inneren Sein.
Erkenne, dass du selbst die Sonne bist,
dass dieses Strahlen in dir niemals erlischt.
Erneuerung und Wachstum bringe ich in dein Leben,
kann dir einen wahren Entwicklungsschub geben.
Verstehe, wie das Licht erringt über die Dunkelheit den Sieg,
wähle die Liebe und beende den Krieg.
Denn die Dunkelheit kannst du nur erlösen,
nimmst du sie in dein Herz, ganz kuschelig und warm.
Sie spiegelt einen Teil deiner inneren Gefühlswelt
und sehnt sich wie du nach einem starken und stützenden Arm.
Alle sind wir verbunden, solange wir hier auf der Erde weilen,
sitzen wir im gleichen Boot – lerne mitfühlend und sorgsam zu
teilen.
Denn wenn alle im Bewussten Sein verweilen,
gibt es niemanden, der wirklich Nöte leiden muss.
Ich lehre dich, großen Herzens zu sein,
segne dich mit des Lichtes kraftvollem Kuss.
Zusammen sind wir stark, so stark, dass uns nichts und niemand
zu trennen vermag.
Stehe ich für die Einheit und den Lebenssinn. Durch mich erkennst du dein „ICH BIN."

Jenes Wissen, das seit Anbeginn der Zeit hier ist,
es zeigt dir, wer und was du bist.
Gemeinschaft schaffe ich, Plätze segne ich,
an denen die Liebe herrscht.
Mit meiner Kraft verbinde dich,
dann wird Unliebsames ausgemerzt.
Ich scheine dir den Weg, gehe an deiner Seite,
so viel Liebe empfinde ich für dich,
bringe dir im Leben Frieden, Freude und Weite."

Heilsteine und Kristalle

Achat

(Harmonie, Verbindung, Gemeinschaft, Lebensordnung, Kraft)

„Fließen und Leben in Fülle ist meine Devise,
führe ich dich zum inneren Garten der Heilung.
Dort, wo der Genuss fließt über Berg und Wiese,
gibt es weder Konflikt noch Teilung.
Tief in meinem Inneren habe ich so viele Elemente harmonisch
vereint, stehe ich auch für den Gruppengeist.
Helfe, dass alles den Einklang findet und hält,
dass jeder seinen Platz findet in dieser schönen Welt.
Orientierung ist im Leben ein guter Weg.
Helfe ich dir, sie in dir zu finden.
Läufst du aufs offene Meer auf dem goldenen Steg,
werden Zweifel und Misstrauen verschwinden.
Denn wenn du dort ankommst, wohin die Suche dich führte,
bist du erfüllt vom allmächtigen Sein.
Dort, wo deiner Seele Essenz sich selbst und das Leben kürte,
verleiht es Auge und Herz den göttliche Schein.
Zweifel sind nur so lange nützlich und angebracht,
hast du nicht Frieden mit deinem Inneren gemacht.
So lade ich dich ein, bei mir zu sein,
gemeinsam tauchen wir in harmonische Zeiten ein."

Amethyst
(Transformation/Heilung, kosmisches Wissen, tiefe Ruhe und Anbindung)

„Transformation und Heilung bringe ich in dein Leben,
wurde ich euch dafür geschenkt, mit engelhaftem Segen.
Von weit her, aus dem geistigen Raum komme ich zu euch,
spreche eure Sprache kaum, so weit bin ich angereist.
Kosmisches Wissen trage ich in mir,
das sich durch mich mit jedem Atemzug in euren Planeten gebiert.
Durch meine hohe Inkarnation bin ich auch tief mit der Erde verbunden,
heile auch Plätze, die von Mensch und Zeit geschunden.
Denn ich bin die Erde, das habe ich schon beim Ankommen erkannt,
habe diese Verbindung gespürt, fernab von Wissen und Verstand.
Denn der Verstand wird dir nie die Einheit geben,
erst im Herzensraum und in der Stille entsteht der Einheitssegen.
Ich helfe dir, dich in die Ruhe zu bringen,
mit Erdentönen oder Engelszungen zu singen.
Wache auf aus deinem Traum, das Leben ist so wunderbar.
Stelle dich deiner Angst und komme dadurch dem Leben wieder nah.
Ich bin bei dir und leuchte dir den Weg,
bin jener, der bis zum Ende an deiner Seite geht.“

Aquamarin
(Loslassen, Harmonie, Klarheit, Erfüllung, Einheit, Nähe zulassen)

„Der Stein des Meeres bin ich auf alle Fälle,
bin ich das Meer, aber auch die Welle.
Von der Einheit erzähle ich dir – suche nicht da oder dort,
denn du findest SIE im Hier.
Ich zeige dir, wie einfach es ist, helfe dir, das zu finden,
was du seit jeher vermisst.
Sanft bin ich wie eine Meeresbrise,
tappst du im Dunklen, führe ich dich ins Licht zurück.
Das Leben ist wie ein Spaziergang auf einer Blumenwiese,
eröffne ich für dich erneut diesen unbekümmerten Blick.
In der Fülle kannst du Erfüllung finden,
dann werden Mangel und Bedenken schwinden.
Ich helfe dir, Nähe zuzulassen, auf andere unvoreingenommen zuzugehen,
dann wirst du neue Dinge finden und beginnen, das Schöne im anderen zu sehen.
Ich vereine die Unterschiede, gebe dir Kraft,
damit du deinen Traum zur Realität erschaffst."

Aragonit
(Speichern von Energien, Sammlung, Hellsichtigkeit, Klarheit, Lebenskraft)

„Ich bewahre und stärke die Kräfte der hellen und heilsamen Mächte.
Bin als Medium bekannt, mit allen Kristallarten verwandt.

Lernen kannst du von mir, bin ich dem „Großen Verstehen" auf der Spur.
Halte, was gehalten werden muss, damit die Erde wird zum Platz für Lebensgenuss.
Stelle zur Verfügung die Kraft, die Unabhängigkeit und Freiheit schafft.
Mein Motto lautet: „Zeige dich!", nichts musst du verstecken, zeige, was du wirklich bist.
Denn nur die Wahrheit bringt den hellsten Schein,
lässt Lebensfreude und Kraft in dich hinein.
Verlasse dich darauf, du kannst alles schaffen.
Mit der richtigen Einstellung kannst du dich selbst wieder heiler machen.
Erneuere deine Zellen, ich unterstütze dich dabei,
mache dich von alten Ablagerungen frei.
Damit du in vollem Glanz erstrahlen kannst,
als strahlende Sonne in der Ewigkeit tanzt."

Aventurin
(Heilung, Sanftheit, Herzöffnung, Verletzlichkeit zulassen, Stärke durch Schwäche erfahren)

„Sanftheit und Heilung bringe ich zu dir und in dein Herz,
vertreibe ich Sorge, Kummer und Schmerz.
Streiche sanft mit meinen heilsamen Händen dort, wo Wunden einst entstanden.
Damit Neues und Kraftvolleres daraus entsteht,
Stärke kommt, wo Altes geht.
Nur wenn du Schwäche in dein Leben lässt,
kann sich wahre Stärke entfalten,

feiert dein Inneres Kind ein Freudenfest,
muss nichts mehr nur für sich behalten.
Teile, und du wirst ein Reicher unter den Menschen sein,
geiziger Besitz macht dein Denken und dein Handeln klein.
Ich führe dich zu deiner inneren Größe,
die gewachsen in der Göttinnen Schöße.
Dort, wo alles Leben entspringt, das Lied der Heilung seine Entstehung singt."

Bergkristall
(Einheit, Licht, Klarheit für den Weg, kosmisches Wissen, Erleuchtung, Weisheitslehrer, Channeling)

„Ich bin das reine Licht in manifestierter Form, hast du mich an deiner Seite, brauchst du dich nicht zu sorgen.
Ich führe dich auf deinem Weg, auch wenn er nicht immer geradeaus geht.
Klarheit, Kraft und Liebe strahlen aus meinen glänzend Poren, um der Welt Hilfe, Bewusstsein und Weisheit zu geben, wurde ich geboren.
Halte das Bewusstseins-Gitternetz, auf dass alles seine Ordnung hat, denn ohne Stein, Pflanze, Baum und Tier wäre ein Menschenleben gar nicht hier.
Alles folgt der Evolution des Seins, und am Anfang war der Stein.
Ich vereine in mir die Qualität von Stein, Mensch, Engel und Tier.
Alle Phasen habe ich durchlaufen, komme aus den höchsten Schöpfergefilden.
Du glaubst, du bist weise, ich würde mir nicht zu viel darauf einbilden.

Bescheidenheit ist eine Tugend, mangelnde Selbstreflexion nur naive Aspekte der Jugend.

Ich lehre dich, die Mitte zu finden, deine Kraft einschätzen zu können und zu leben,

dich aber auch an keine inneren oder äußeren Götzenbilder zu binden.

Denn wer übermütig ist, wird immerzu Menschen treffen, die besser oder schlechter scheinen,

bewegst du dich im Stufenbau der Hierarchie, musst du dich immer wieder verkleiden.

Kannst nie sein, was und wer du bist, bis du eines Tages nicht mehr spielen willst und die Authentizität so sehr vermisst, dass du anfängst, sie zu suchen – dann bist du bei mir an der richtigen Adresse.

Ich führe dich ins Innerste deines Herzensraums und feiere dort mit dir ein Fest.

Erst wenn Mensch als Mensch gesehen, die Natur als Große Mutter, dann kannst du das Leben verstehen und lässt dich von bestehenden Systemen nicht mehr so leicht unterbuttern.

Ich bin alles und bin eins, nichts, was nicht in mir zu finden wäre.

Lag ich im Feuer der Weisheit und wurde im ewigen Wissen gebrannt, bringe ich zu dir die göttliche Sphäre."

Bernstein

(Urzeit, altes Wissen, Emotionen lösen, Ursachen erkennen, Verbindung zur Natur, Ahnen)

„Aus der Urzeit komme ich, das alte Wissen spricht durch mich. Zu euch geführt, um euch zu helfen, die Zusammenhänge zu sehen, dann kann Erkenntnis dein Schicksaal wenden und du dein Lebensziel besser verstehen.

Die Verbindungen zeige ich auf, auch von Mensch und Natur,
bist du im Einklang mit der „Großen Mutter", bist du auf der heilsamen Spur.

Sie bringt dir Kraft, sie nährt und beschützt,
hält dich abends im Arm – spüre, wie sie dein Leben unterstützt.

Durch mich kannst du mit ihr in direkte Kommunikation eintreten, denn ich kenne die geheimen Kammern des Wissens in der Erde.

Bin ich hilfreich beim Segnen und Beten,
auf dass Gottes Liebe im Ausdruck durch die Natur wieder für alle sichtbar werde.

Informationen aus längst vergangener Zeit halte ich in meinem Inneren für dich bereit.

So kannst du dich mit der Urzeit und deinen Ahnen verbinden,
die Fesseln der Begrenzung sprengen und dich wieder in deiner eigenen Mitte einfinden.

Das Licht, das in mir leuchtet, währt seit ewiger Zeit,
es in dir zu finden, helfe ich dir, damit es dich von der Dunkelheit befreit.

Bin ein Juwel aus den Tiefen der Erde,
so kannst du durch mich deine eigene Größe erkennen,
findest deinen Ruhepol und hörst ganz von alleine auf, wie wild umherzurennen.

Hast du erst deine innere Heimat gefunden,
ist der Bewegungsdrang automatisch verschwunden.

Eingekehrt ist jener, der bereit ist, das Suchen zu beenden,
dabei unterstütze ich dich mit helfenden Händen."

Carneol

(Freude, Heilsein, Lebenslust, auf den Punkt bringen, Sensibili-
tät, Durchhaltevermögen)

„Im schwimme im Fluss des Lebens umher,
verbinde dich mit den heilsamen Tiefen im Lebensmeer.
So gebe ich in Zeiten großen Wellengangs Stabilität,
damit alles auf sicherem Boden steht.
Ich berühre dich – wirklich berührbar bin ich,
auch dir möchte ich diese Gnade zuteilwerden lassen.
Ich bin bei dir, also drücke mich ganz fest an dich,
dann wird dich die Lebensfreude nicht mehr verlassen.
Ausgleichend wirke ich auf dein Fühlen,
kann ich die Gänge deiner Wahrnehmung von Blockaden frei-
spülen.
Mit mir lernst du Durchhaltevermögen und Mut,
das tut deiner ganzheitlichen Heilung gut.
Auf den Punkt bringe ich dich, ist keine Klarheit in Sicht,
von dort aus siehst du besser – erkennst, was ist für dich wirklich wahr,
bin ich im Herzen immer an deiner Seite und für dich da.
Hoffnung gebe ich – in trüben Zeiten helfe ich dir, deinen Herzensraum zu weiten.
So haben auch negative Gefühle darin ihr Heim,
so kann in meiner Gegenwart dein tiefer Frieden gedeihen."

Chrysokoll

(Liebe, All-Eins-Sein, Heilung von Mutterthemen, Sensitivität, Heilung, Tiefenentspannung, Loslassen, Weltenseele))

„Wie das Meer bin ich beschaffen,
Wasser und Liebe fließen in mir in Massen.
So bringe ich Heilung herbei,
nimm alles hinfort, was nach Reinigung schreit.
Durch mich kannst du dein All-Eins-Sein erkennen,
du brauchst mich nur kraftvoll beim Namen zu nennen.
Die Große Mutter allen Lebens beinhalte ich,
sie ist es, die durch meine Beschaffenheit zu dir spricht.
Sie wiegt dich im Arm, lässt dich ihre tiefe Liebe spüren,
lass dich von mir und ihr in deiner tiefsten Seele berühren.
In die Entspannung lade ich dich ein,
denn bei mir kannst du gut aufgehoben sein.
Erkenne deine inneren Kämpfe, sie sind es,
die ich mit meiner Liebe dämpfe.
Damit Frieden im Innen regieren kann,
dann wird er sich auch im Außen zeigen.
Ich treibe deine wahren Sehnsüchte und Ziele voran,
du brauchst nur in meiner Nähe zu bleiben.
Denn eins sag ich dir mit Sicherheit:
„An meiner Seite bist du für das Leben und die Liebe bereit."

Citrin

(Licht, Klarheit, Optimismus, Sonnenkraft, Königlichkeit, Weisheit, Freiheit)

„Das reine Licht habe ich tief in mich aufgenommen,
so kannst du es aus meinen Händen bekommen.
Es leuchtet dir den Weg,
damit dir die Klarheit immer zu Diensten steht.
Ich erkenne das Schöne im Leben,
direkt aus dieser unerschöpflichen Quelle kann ich dir pure Sonnenkraft geben.
Bringe dich heiter weiter und locker flockig ans Ziel,
weil ich den Menschen dienen und helfen will.
In den Dienst des Großen Ganzen wurde ich gestellt,
bringe so Licht und Leichtigkeit zu dir und in diese Welt.
Berufe dich auf das innere Leuchten, das in dir wohnt,
das direkt in deinem innersten Herzensraum thront.
Es wird dich geleiten, ich zeige es dir,
in absoluter Klarheit – also guter alter Quarzmanier.
Segen ist dir in meiner Gegenwart gegeben,
so, als reist du unter einem Stern, der dich führt.
Segen in allen Lebenslagen und auf allen Lebenswegen,
auf dass dein Licht alle Bereiche in deinem Leben berührt.
Deine innere Heiligkeit, die in dir steckt,
wird durch meine Gegenwart aus dem Schlaf erweckt.
Lebe deinen inneren König, deine innere Königin,
dann wird durch mich erhellt dein Lebenssinn."

Diamant
(Kristall-Klarheit, Erleuchtung, All-Vater und All-Mutter, Lebens-
aufgabe, Liebe für alles, Heldenmythos, Vereinigung)

„Die reinste Form des Lichts bin ich,
das hier auf der Erde Heilung verspricht.
Aus den kosmischen Welten herabgebracht,
liegt die Kraft der Erleuchtung in meiner Schöpfermacht.
Dort, wo Dunkelheit ist, werfe ich klares, reines Licht,
auf dass du dich deiner inneren Weisheit erinnerst – durch mich
vergisst du sie nicht.
Glasklar zeige ich dir deinen persönlichen Lebensweg
und wie er in Harmonie mit dem Großen Ganzen steht.
Erkenne das Leuchten deiner Einzigartigkeit,
sie zu leben bist du gekommen – also mach dich bereit.
Packe zusammen deine Willenskraft,
entscheide dich, so ist schon der halbe Weg vollbracht.
Der Funke der Liebe wird dir die inneren Impulse geben,
gemeinsam werden wir dich in eine förderliche Richtung bewegen.
Deine Potenziale warten auf dich, also bringe sie ans Tageslicht.
Ich rufe dich mit unaufhörlichem Ton,
lebe dein Leben – denn in perfektem Zustand bist du schon.
Helfe dir zu erkennen, wie großartig du bereits bist,
unterstütze dich zu finden, was du in dir vermisst."

Elestial
(Aufstieg, Erdung, Potenziale entfalten, Leben, Erwachen, Mani-
festieren, Loslassen)

„Vieles schon habe ich von der Welt gesehen,
so kann ich alle verschiedenen Schichten verstehen.
Habe einen großen und weisen Überblick – leite und lehre dich
mit diesem Geschick.
In den tiefsten Kammern der Erde liegen Mutter Erdes Wissens-
herde.
Sie zu vermitteln bin ich gegeben, begleite dich auf deinen er-
leuchtenden Wegen.
Facettenreich und vielschichtig trete ich auf,
nehme dafür so manche Unannehmlichkeit auf meiner Reise in
Kauf.
Auf deinem Weg zu bleiben lehre ich dich, mit meiner Kraft ist
immer Hoffnung in Sicht.
Mit den Herausforderungen des Lebens besser umzugehen,
kannst du durch meine Energien in der Tiefe verstehen.
Ich gebe dir die Kraft, dein Potenzial zu entfalten,
dir dein Leben und deine Umwelt nach deinen Wünschen zu
gestalten.
So bin ich ein Manifestationsgestein, und mit gewaltiger Präsenz kann so der neue Samen gedeihen.
Löse ich von dir, was an der Zeit ist zu gehen,
denn in meiner Gegenwart kann nichts Schweres bestehen.
Veränderung ist mein Dreh- und Angelpunkt,
rufe ich dir den natürlichen Rhythmus wieder in Erinnerung.
Geben und Nehmen, Halten und Loslassen,
alles darf und soll sich zu gegebener Zeit in den Alltag einpas-
sen.

So stehe ich für den passenden Augenblick und die Ordnung aller Dinge,
ist es meine Klarheit, mit der ich das Chaos bezwinge."

Erdenhüter-Kristall

(Erdenergiegitter, Kollektivbewusstsein, Erdung, Heilung, Liebe, Kraft, Sein)

"Von Mutter Erde an die Menschen übergeben,
strömt durch uns ein heilsamer Segen.
Wir sind verbunden mit allem – wir sind eins,
denn außer dem Einen gibt es keins.
Wie könnte es die Trennung sein, die die Welt gestaltet,
gibt es doch nur EINEN Willen, der über dem Ganzen hier waltet.
Wir bringen dich in Verbindung mit der tiefsten Erde,
aber auch mit deinen Sternengeschwistern.
Das Leben ist ein Sei und Werde,
hörst du das Wissen, aus dem wir zu dir flüstern?
So öffnen wir dein Sein für die feinstoffliche Welt,
auch für die Kommunikation von Herz zu Herz.
Ist es auf ewig die Liebe, die das Leben erhält,
so nehmen wir von dir Last und Schmerz.
Lege sie vor uns nieder und übergib sie der Erde –
wir stehen an deiner Seite,
auf dass sich durch unsere Gemeinschaft das Licht hier verbreite.
Das globale Aufstiegsgitternetz halten wir mit fester Hand,
komm zu uns, wir führen dich ins gelobte Land.
Auf dass du erkennst, dass es stets schon in dir war,

wird dir die kollektive Verbundenheiten an unserer Seite mehr als klar.
Unermessliche Schätze hüten wir für dich,
ist es die Stimme von Jesus Christus, die durch uns zu dir spricht."

Fluorit
(Sanftheit und Kraft, Geschmeidigkeit, Liebe, Stabilität, Verbindung, Eloquenz)

„Im Namen der alles schöpfenden Kraft wurde ich zu euch gebracht.
Bin ich ein solider Grundstock, auf dem alles steht,
auch wenn die Zeit mit ihren Schöpfungen vergeht.
Mein Wesen bleibt davon unberührt,
habe schon seit Urzeiten Wissen und Stabilität geschürt.
Ich biete dir eine Basis, auf ihr kannst du stehen,
von dort aus kannst du klarer die nächsten Schritte sehen.
Bleibe bedacht und wäge wichtige Entscheidungen ab,
so hat es schon mancher zu Glück und Zufriedenheit geschafft.
Ich lehre dich, dich wieder auf das Wesentliche zu besinnen,
auch wenn deine Wünsche und Vorstellungen im Größenwahn springen.
Im Grunde braucht der Mensch nicht viel,
die Liebe, Essen, den Tanz und das Spiel.
Die Basisqualitäten bringe ich in dein Leben zurück,
mit jedem Kontakt davon ein Stück.
Besinne dich auf den Schatz in dir,
so wirst du finden, was du schon ewig vermisst.
Mach ich aus allen Ichs ein Wir,
sodass in meiner Gegenwart alles in Verbindung ist."

Gold

(Alchemie, Herz, Erleuchtung, Königlichkeit, Allmacht, Lebens-
kraft, Schönheit, All-Eins-Sein, Magie, Erlösung, Heilung)

„Erhaben, hoch oben throne ich, um über allem zu walten,
nicht gehemmt, meine eigene Göttlichkeit zu entfalten.
Gerne zeige ich sie und gebe daraus,
denn so lebe ich meine Liebe aus.
Ich leuchte euch den vollkommenen Weg,
räume alles hinfort, was euch in diesem steht.
In Körper und Geist bringe ich die Säfte zum Fließen,
du musst dich nur mit mir kurzschließen.
Die göttliche Perfektion im Erdenreich
wird durch meine Präsenz erreicht.
Geduldig warte ich auf jene, die erhören,
jene, die der Göttlichkeit in sich wahre und ewige Treue schwören.
Ich heile – bringe kosmische Ordnung wieder zurück,
habe ich schon so manches Leben mit meinen goldenen Son-
nenstrahlen beglückt.
Tückisch kann der Umgang mit mir sein,
denn ich verblendete schon stets die Gedanken und Gefühle
der Menschen.
Doch wollte ich sie stets zum Reichtum nach innen wenden.
Nur der weise und reine Geist sieht das goldene Strahlen im
Herzensraum,
wird meiner Führung folgen und ihr voll und ganz vertrauen.
Auch für die Liebe stehe ich, die Liebe zu dir selbst,
sie ist das größte Geschenk auf dieser Welt.
Treue der Wahrheit gegenüber und Dienen für das gesamte Leben

sind meine Qualitäten – für sie habe ich mein Leben gegeben.
Erinnere dich daran, ich bin du, und du bist ich,
bin ich ein Kanal, aus dem deine innere Weisheit zu dir spricht."

Granat

(Präsenz, Schwere loslassen, Fülle, Erfolg, Perfektion des Wesens, Erdkraft, Loslösung von der Materie)

„Das Blut der Erde strömt durch meine Adern,
so kannst du mit mir in der Materie Fülle und Reichtum baden.
Zur Perfektion deiner innersten Anteile führe ich dich,
so bekommst du auf deine Stärken eine klarere Sicht.
Meine geballte Kraft verbindet dich mit der Erde,
so stehen deine Füße stabil, und du wirst dir deiner selbst gewahr.
Kommt aus meinen Tiefen eine besondere Lehre,
der Schöpferinnen Allmacht immerdar.
Die Verbindung vom Erdmittelpunkt bis zum Himmelzelt
halte ich aufrecht in dieser Welt.
So kann das geschäftige Kommen und Gehen
meiner absoluten Ruhe niemals im Wege stehen.
Ich kann dich mit deiner inneren Ruhe verbinden,
dann werden Flüchtigkeit und Zerstreuung schwinden.
Ich bin ein Juwel der Erde, trotzdem gehe ich über sie hinaus,
denn ich weiß, wir alle sind im Universum zu Haus.
Führe dich an die Quelle, aus der alles gekommen ist,
erkenne, dass du ein Kind Gottes bist."

Hämatit

(Stabilität, Erdung, feinstoffliche Kanäle reinigen, Durchbruch, Channeling, Ordnung, Weitblick und tiefe Einblicke, Naturgeister)

„Tiefe Ruhe und Einblicke schlummern in mir,
erwecke diese Qualitäten in der Welt und deren Kraft in dir.
Von weiter Ferne kann man sehen, wie die Wege aufs Neue entstehen.
Aus der Verstrickung breche ich heraus, fordere dich so zum Weitergehen auf.
Sammle dich, entscheide weise, aber geh voran,
weil auch aus der Bewegung Kraft entstehen kann.
Es gibt Zeiten des Ruhens und Zeiten von Bewegungsdrang,
setzte beide gezielt ein, dann geht dein Leben in harmonischem Gang.
Lass mich dein Ruhe- und Sammelort sein,
mich zu besuchen, lade ich dich ein.
Bei all der Hektik bleibe ich ruhig und glasklar wie ein See in den Bergen,
verbinde ich dich mit den Elfen, Feen und Zwergen.
Den liebevollen Kräften der Natur, sie alle sind bei mir zu Haus,
so werfen wir gemeinsam negative Energie aus deinem Energiefeld hinaus.
Geduld sammelt sich in mir, also rufe mich, wenn du sie brauchst,
wenn dich der Alltag auffrisst und dich das Leben auslaugt.
In Zeiten der Unklarheit bin ich ein beständiger Ort,
in Zeiten der Wolllust dein heimlicher Hort.
Auf den Fokus lenke ich dich zurück,
denn nur auf deinem eigenen Weg findest du dein wahres Glück.

So bin ich stets an deiner Seite,
an der ich dich Tag und Nacht begleite."

Jade

*(Vergebung/Versöhnung, Hingabe, Klärung alter Muster, Herz,
Weisheit, Harmonie)*

„Von den Göttern gegeben, geleite ich auf Lebenswegen.
Führe mit Weisheit und Bedacht,
denn Eile hat noch niemals beständige Dinge vollbracht.
Ich gleiche aus, was des Friedens bedarf,
so, wie sich einst das Licht der Liebe gänzlich auf mein Wesen
warf.
So bin ich durchdrungen von diesem Gefühl,
weiß genau, was ich von meinem Leben will.
Ich will mich geben, mich im Leben erfahren,
nichts kann diesen Wunsch besiegen, ich trage ihn seit Millionen von Jahren.
Halte ihn für dich bereit – denn jetzt ist Liebeszeit.
Trage mich am Herzen, und du wirst neu erblühen,
dann wird das Feuer in deinen Augen erglühen.
Fröhlich wie ein unschuldiges Kind
mache ich dir Mut und gebe dir einen neuen Lebenswind.
Höre auf die Weisheit in deinem Herzen,
die Wege dorthin kann ich dir zeigen.
Dort, wo brennen deine Lebenskerzen,
kannst du dich vor deinem heiligsten Altar verneigen.
Hast du erst Heimat im Herzen gefunden,
genießt du die Tage auch an schmerzvollen Stunden.
Die Last der Schuld wasche ich von dir,

denn Vergebung für alle Wesen strömt bedingungslos aus mir.
So zeige ich dir, im Leben hat alles seinen Segen,
sei mit mir, dann gehst du auf harmonischen und friedvollen Wegen."

Koralle
(Selbstentfaltung, Klarheit, Liebe, Schönheit, Einzigartigkeit, Stabilität, Befreiung, Sein)

„In den Meeren der Welt bin ich zu Hause,
ich liebe diese sanfte Meeresbrause.
Sie bietet mir Beständigkeit im Wandel der Zeit,
auch für dich halte ich dieses Geschenk bereit.
Einzigartig zeige ich gerne, wie schön ich bin,
trotzdem steht mir keine Eitelkeit im Sinn.
Selbstbewusst und wahrhaftig klar
zeige ich, was ich habe, und finde das wunderbar.
Von mir kannst du lernen, dich selbst zu lieben und schön zu finden.
An meiner Seite werden falsche Eitelkeit und Scham verschwinden.
Denn jeder ist so, wie er ist, lehre ich dich, dass du die Wertung vergisst.
Im Grunde des Seins herrscht ein stiller Ozean,
in ihm kannst du Gedankenlosigkeit erfahren.
Zeige ich dir die Ruhe im strömenden Meer des Lebens,
den Segen des Nehmens und des Gebens.
Alles ist im perfekten Fluss und zur richtigen Zeit an der passenden Stelle,
bist du das ganze Meer, nicht nur eine einzelne Welle.

So lernst du die Schönheit und Einzigartigkeit des Lebens verstehen,
kannst du die Welt erst durch meine Augen sehen."

Labradorit
*(Sternenwissen, Erhabenheit, Weisheit, Verbundenheit, Wahr-
sagen, Intuition, inneres Leuchten, Erwachen, Heilung, Befreiung, Ausgleich der Energiezentren)*

„Von den Sternen wurde ich gesandt,
war ich schon bei den Urvölkern als Wissensquelle und Heil-
stein bekannt.
Dein inneres Leuchten erwecke ich in dir,
deiner eigenen Größe wirst du gewahr, vertraust du mir.
Seit Äonen sucht das Licht der Schöpfung sich selbst,
dadurch entstand diese Welt.
Gefangen in der Materie, um am Ende frei davon zu sein,
durchdringt mein Regenbogenlicht den äußeren Schein.
Führt dich an die eine Quelle zurück,
denn aus ihr entspringt auf ewig dein einziges und wahres
Glück.
Ich gleiche dein Wesen auf allen Ebenen aus,
bringe dadurch Frieden in dein Seelenhaus.
Horche auf die Stimme, die leise und tief in dir wohnt
und aus dem innersten Herzensraum über allem thront.
Denn ihr gilt es, zu vertrauen, nur dort findest du die Wahrheit
von allen Dingen –
offenbart sie sich durch das Abwenden von den äußeren Sinnen.
Befreie deine Seele, zu lange warst du gebunden.

Verbindest du dich mit mir, ist die selbstgebaute Begrenzung verschwunden.
Erhelle deinen Alltag und deinen göttlichen Schein –
strömt über meine Liebe allumfassende Gnade ein.
Verbindet alles, was getrennt durch Streit, Angst und Zwist,
sodass in meiner Gegenwart friedvolle Heilung zu finden ist.
Erinnere dich an die Herkunft deiner Seele – sie kommt von den Sternen.
Mit mir verankerst du dieses Wissen,
musst dich also nicht mehr von deiner unsterblichen Quelle entfernen.
Atme mich, dich und alles ein, dann wirst du auf ewig in Erhabenheit gedeihen."

Lapislazuli

(Engagement, Vision, Klarheit, Leichtigkeit, Führung, Veränderung, Bewusstheit, Transformation von Angst, Seelenwege)

„Ich bin ein König unter den Steinen,
meine Wesenzüge gehören zu den besonders feinen.
Mit Sanftheit, doch alles durchdringender Kraft,
habe ich noch jede Vision hier zur Erde gebracht.
Habe den gesamten Überblick, denn ich wurde vom Himmel zur Erde geschickt.
Aus meinen Kraftquellen kann ich dir geben,
sie verbinden dich direkt mit dem Leben.
Mit deiner Seele stehe ich in direktem Kontakt,
zu ihren wahren Worten kann ich dich geleiten.
Habe viel Heilkraft in meinen „Rucksack" gepackt,
so kann ich deine Heilerfähigkeiten weiten.

Zu guter Letzt siegen doch immer die Liebe und das bewusste Sein,
auf der Sonnenseite des Lebens zu wandeln, lade ich dich herzlich ein.
Bin ich ein Begleiter und Lehrer in der Mineralienwelt,
so wurde ich den Lichtbringern zur Seite gestellt.
Mit mir durchdringst du die Dunkelheit,
machst dich, die Erde und die Menschen für die Neue Zeit bereit.
Erhöre den kraftvollen Lapislazuli-Ruf,
den der Schöpfer für die Führung der Menschenkinder schuf."

Larimar
(Altes Wissen – Stein der Weisen, Vergangenheit klären, Visionen der Zukunft, Negativität ableiten, Kraft sammeln, Verbindung der Ebenen)

„Aus den Wogen der Wellen bin ich entstanden,
sind alle Lebewesen der Erde meine Verwandten.
Es ist die Essenz von allem, die durch mich erscheint,
sich weitergibt und am Ende alles vereint.
Sei wachsam und leise, dann wirst du das Rufen der Einheit verspüren,
aus den Tiefen deiner Seele wird es dich bis in die letzte Zelle berühren.
Das Wissen aus der alten Zeit halte ich für dich in deinem Herzen bereit.
So kannst du dich damit verbinden –
dann wird die Trennung im Walten der Einheit verschwinden.
So, wie das Sonnenlicht die Nacht durchbricht,

ist es mein Licht, durch das die Trennung erlischt.
Königlich und zarenhaft spricht aus mir eine ganz besondere Schöpfermacht.
Denn ich bin ein weiser Herrscher im Mineralienreich,
großzügig und weitblickend zugleich.
Die Weisheit deiner Ahnen zeigt sich durch meine Beschaffenheit,
also mache dich für den neuen Aufbruch bereit.
Steckst du fest, reiche ich dir eine hilfreiche Hand,
bist du unklar, reinige ich deinen Verstand.
Die Last der Vergangenheit nehme ich von dir,
so eröffnet sich schnell ein neuer und freier Blick.
Allwissenheit verschaff ich dir,
so kommst du in dein eigenes Schöpferreich zurück.
Im Grunde bin ich das erste Wort Gottes,
also rufe mich, wenn du in Not bist."

Lemuria-Quarz
(Altes Wissen, Heilung, Weisheit, bedingungslose Liebe)

„Aus lang vergangenen Zeiten der Liebe, der Heilung und des Lichts komme ich her,
euch zu versichern, dass ihr über alles geliebt seid, bitte sehr.
Zweifle nicht an deiner Stärke und Vision, du bist ein Meister –
Gottes Tochter, Gottes Sohn.
Ernannt, andere zu führen in die lichtvollen wie dunklen Bereiche des Seins.
Klammere keine Aspekte aus – schließe alles mit ein.
Denn ein wahrer Heiler ist man dann, wenn man das Licht im Dunkeln sehen kann.

Aus dem alten Wissen deiner Vorfahren schöpfe ich,
sie kamen aus entfernten Galaxien des Lichts,
um hier neues Leben zu erschaffen,
nach dem göttlichen Plan Liebe in Aktion zu machen.
Wahre Liebe dehnt sich bis ins Unermessliche aus,
ist mein Licht in deinem innersten Herzen zu Haus.
Dort, wo die Reinheit ist, bis ans Ende unserer Tage,
dort stehe ich – also fürchte dich nicht und lass hinter dir alles Vage.
Bin ich dir im Wesen sehr ähnlich, wir entstanden im selben Schöpfungsatemzug,
so wie du bekomme auch ich von der göttlichen Liebe mehr als genug.
Ich helfe dir, dich dafür zu öffnen,
die Mauern fallenzulassen, dann kannst du aus dem Vollen schöpfen.
Denn die Einheit kehrt nur ein, wo die Türen offenstehen.
Jede Trennung wird dich auf ewig entzweien,
dann werden du und dein Leben zwei getrennte Wege gehen.
Erkenne, das Außen ist das Innen, und alles, was du siehst, bist du.
Lege dein Leben in Gottes Hände, durch die Präsenz deines Seins, und alles ist gut."

Malachit
(Vergebung, umfassende Liebe und Heilung, Einheit, Transzendenz, Lachen)

„Aus dem Herzen der Erde wurde ich geborgen,
vertreibe unnötigen Kummer und dessen Sorgen.

All-Eins ist auf ewig des Schöpfers Ausdruckston,
wartet in der Einheit dein größter zu findender Lohn.
Die Liebe strahlt ewig als dein Eintrittstor,
bin ich der Schlüssel, der dich bis an diese Pforte führt.
So hebe ich dich im Herzen empor,
dort, wo die Quelle allen Seins herrührt.
Beständig bin ich stets, auch im Wandel der Zeit,
so stehe ich als Wächter und Hüter bereit.
Helfe dir, die inneren Schätze der Heilung zu finden,
lehre dich, zu vergeben – dann kann der Kampf in dir schwinden.
Mit meinem Lachen durchdringe ich,
ist es die göttliche Transzendenz, die durch mich zu dir spricht.
Die meisten Grenzen sind vom Verstand erschaffen,
nutzt du meine Kraft, kannst du dieses Gefängnis hinter dir lassen.
Mauern reiße ich einfach ein – mit meiner Liebe Schein.
Grenzen breche ich ohne Zögern auf – so nimmt das freudige Leben wieder seinen Lauf.
Ich erinnere dich, dass du unsterbliches Bewusstseins bist,
denn es ist jene Essenz die aus meinen Lehren zu dir spricht.
Ich bin gekommen, um die Menschheit vom Egowahn zu heilen,
so möchte ich mit dir das Geschenk der bedingungslosen Liebe teilen."

Mondstein
(Einklang, Sein, Leichtigkeit, Läuterung, Kraft, Sensibilität, Auflösung von Karma, Mutterliebe)

„Vom großen weiten Himmel geküsst,
ist es jene Kraft, die in mir zu finden ist.

Klärend wirke ich auf deinen Blick,
lasse so viel Klarheit und Sanftmut zurück.
Denn die Dunkelheit kann nur entstehen,
wenn Weichheit und Vernunft im Menschsein vergehen.
Ich umrunde alles, nehme dich liebevoll in den Arm.
Baue dir ein Nest, so seelenvoll und kuschelig warm.
Gebe dir ein Zuhause, besonders jenen Teilen in dir, die danach streben,
Mutterliebe und Geborgenheit kann ich dir aus der Fülle geben.
Versuche, nicht zu viel zu tun,
denn es ist weise, ganz tief im Seinszustand zu ruhen.
Du bist wunderbar und richtig so, wie du bist,
dafür brauchst du nichts zu machen – weil das eine angeborene Tatsache ist.
Mit mir an deiner Seite kannst du Frieden finden,
so werden Unruhe und Rastlosigkeit wie die Eintagsfliegen aus deinem Leben verschwinden.
Den Himmel auf Erden biete ich dir,
also komm mir entgegen und nimm ihn von mir.
Die Kraft einer liebenden Mutter strömt aus meinen Poren,
wurde ich zum Lieben aller Wesen auserkoren.
Mit dieser Liebe löse ich alte Verstrickungen aus deinem Leben,
so kann ich dir Leichtigkeit, Freude und Freiheit wiedergeben.
Du wirst erkennen, wenn du am Ende bist,
dass auch der Schatten ein Kind der Liebe ist."

Onyx

*(Einweihung, Kraft, Schattenarbeit, Solidarität, Kampf erlösen,
Kommunikation mit inneren Anteilen)*

„Schwarz wie die Nacht, in den dunklen Kammern der Erde gemacht.
So trage ich das tiefe Wissen der Erde in meinem Innenleben,
kann dir deine eigene Tiefe wiedergeben.
Verborgen am Sockel deiner Existenz
liegt deine rohe Kraft – erkenne deine Fluchttendenz.
Bedrohlich und uneinladend sieht sie aus,
in den Mantel des Schattens getränkt.
Doch am Ende wird aus dem Schmerz und Graus
dir das reinste Licht geschenkt.
Ich führe dich auf diesen Pfaden, weise den Weg,
zeige dir den Eingang, aber auch, wo es wieder nach oben geht.
Bist du eingeladen, mit mir zu reisen,
in Begleitung der alten Weisen –
Mutter Erde, die dich führt,
die dich in deinem tiefsten Kern berührt.
Onyxkraft ist Lebenssaft,
weil sie an deine Wurzeln rührt.
Erhebe dich und stehe zu deiner Macht,
denn sie ist es, die dir wahrlich gebührt.
Lange kannst du dich in Licht und Liebe baden,
doch irgendwann musst du auch den Blick in die dunklen Tiefen
wagen.
Wenn du bereit bist, nimm meine Hand,
zeige ich dir heilvolles, tiefes Seelenland."

Opal

(Identifikation mit dem Höchsten, Erleuchtung, Vielfältigkeit, Erweckung des Potenzials, Reinigung der feinstofflichen Kanäle, Selbstfindung, Seele)

„Quelle der Farben, Meer der Magie,
entstanden aus dem Schöpfungssamen, erhaben wie nie.
Einzigartig als Lebewesen zeige ich dir mein Angesicht,
erblicke deine Größe in mir und fürchte dich nicht.
Zu Großem bist du bestimmt, bringe es durch mich in die Welt,
zögere nicht, erweitere dein Feld.
Ich gebe dir Mut, erwecke dein Potenzial,
fördere deine Vision, bin als Erleuchtungsbringer erste Wahl.
Leuchtend wie der Mond in der Nacht,
habe ich schon so manchen Schatten ins Licht zurückgebracht.
Meine Augen sehen klar wie des Sternenhimmels Horizont,
denn es ist die universelle Weisheit Gottes, die in mir wohnt.
Aho! Ich rufe dich – erkenne dich und begrenze dich nicht.
Aho! Schallt mein Wort durch Raum und Zeit,
dich an die Quelle zurückzuführen bereit.
Ein Geschenk wie ein kostbares Juwel in deiner Hand,
bringe ich Reichtum und Fülle in dein Seelenland.
Zu genesen den Mangel, zu entwirren die Gedanken,
weise ich Chaos und Verzerrung in der kosmischen Ordnung Schranken.
Habe dir den Weg nach Hause mit Lichtspuren gelegt,
damit du nicht mehr abseits der Wege gehst.
Erlösung bringe ich dir, sporne deine Seele zum Fliegen an,
zur Quelle, wo das erste Wort der Schöpfung durch Liebe begann.
Alles ist eins, durch mich erkennst du sofort,
bringe ich dich an der Liebe Entstehungsort."

Peridot

(Liebe, Leichtigkeit, Sammlung, innere Ruhe, Schutz, Strahlkraft/
Ausstrahlung, Hellsehen, heilige Sprache, Zentrierung)

„Licht und Liebe sind in mir in ihrer reinsten Form vereint,
auch wenn es auf den ersten Blick nicht immer so erscheint.
Dezent bin ich im Auftritt, darin liegt eine meiner Stärken,
so wird nur der Fühlende meine innere Weisheit bemerken.
Nach innen zu gehen lade ich dich ein,
dort begegnest du deinem Seelenschein.
Führe dich ans Herz der Dinge,
von wo aus ich Licht in dein Leben bringe.
Eingeweihte haben mich stets bei sich getragen,
bekamen durch mein Wissen Antworten auf ihre Fragen.
So verbinde ich dich mit deinem innersten Sein,
lade die göttlichen Kräfte in dein Leben mit ein.
Trage mich bei dir, und du wirst Glück im Leben haben,
die Sonne und das Licht erkennen, auch an dunkleren Tagen.
Rein bin ich, nichts, das mich beschmutzt,
so wurde ich auch oft als Schutzstein genutzt.
Kosmisches Wissen liegt in mir gespeichert,
so habe ich schon so manchem das Leben bereichert.
In mir findest du einen weisen Wegbegleiter und einen Freund,
denn wir sind im Herzen der Dinge auf ewig vereint."

Pyrit
(Geradlinigkeit, Sensitivität, Klarheit, Dienen, Auflösung von Sorgen, Sonnenkraft, Wachsamkeit, Entwicklung)

„Geformt mit göttlicher Präzision, dem Haus der Götter gleich.
Der Sonnenwesen heiliger Thron, im Erden wie im Himmelreich.
Ordnung schaff ich, Klarheit regiert durch mich,
ist es die heilige Geometrie, die durch mich hindurch spricht.
Bist du gefangen – eile ich herbei,
mache aus den Fesseln und dir zweierlei.
Befreie deine Seele – durch mich kannst du wieder fliegen,
mit meiner Sonnenkraft kannst du den Schwermut besiegen.
Ich gebe dir ein stabiles und klares Fundament,
damit dich deine eigene Natur der Ruhe wiedererkennt.
Vollbringe Wunder an deiner Seite,
schenke dir eine positive Ausstrahlung und innere Weite.
Selbstreflektion erwacht durch mich in deinem Leben,
so kann ich dir einen neutralen Blick und positive Aussicht geben.
Erneuere dein Denken und Fühlen,
durch meine Präsenz wirst du brennen anstatt zu unterkühlen.
Feuer ist der Antrieb der Menschlichkeit,
also mache dich für die Taten und ihre Umsetzung bereit.
Ich bereite dir den Platz, gebe dir Raum und Durchsetzungskraft,
mit der Energie des Pyrit hat schon so mancher wahre Wunder vollbracht.“

Rauchquarz
(Dunkle Aspekte ins Licht führen, Spiegel der Seele, Heilung, geheimes Wissen, Loslassen)

„Des Lebens Schöpfungsraum bringt auch dunkle Aspekte mit in den Traum.
Bei Anteilen, die noch den Weg ins Licht zurück suchen,
habe ich die Macht, sie wieder ins ewige Sonnenlicht zu rufen.
Meine Kraft durchbricht die Nacht,
ist es jene, die wieder Frieden und Freude erschafft.
Für Heilung stehe ich, bin ein „Heilungsstein",
lade die lichtvollen Kräfte für dich und deine Lieben ein.
Alte Heilungsformeln und Lieder gebe ich dir wieder.
Öffne dich für Sensibilität und Feinstofflichkeit –
für das Wahrnehmen anderer Welten mach dich bereit.
Die „Realität", die du kennst, ist nicht die einzige, die es gibt,
atme meinen Frieden und schau, was dich wirklich umgibt.
Tore zu anderen Welten und Weisheitsgefilden
kannst du mit meiner Hilfe in deiner Innenwelt bilden.
Rufe mich, und ich eile herbei, finde den Sinn deines Lebens
und mache dich von alten Konditionierungen frei.
Loslassen heißt das Zauberwort –
gewinnst alles, wenn du alles gibst fort.
Löse den Zwang deines Willens, der immer alles haben will –
so hört dieser Mechanismus auf.
Ich unterstütze dich dabei und zeige dir der ewigen Fülle Lauf."

Rosenquarz

(Liebe/Herz, Einheit, Sinnlichkeit, Harmonie, Vertrauen, Heilung)

„Liebe, Liebe, Liebe – singe ich den ganzen Tag.
Werfe mein Licht des Verständnisses auf alles,
auch das, was dein Verstand nicht so gerne mag.
Denn jede Erfahrung und Begegnung ist da, dich zu lehren,
du kannst dich abwenden, aber niemals die Notwendigkeit deiner Erfahrungen bekehren.
Du bist da, um zu verstehen, das Lernen der Liebe in allem zu sehen.
Ich bin bei dir, trage mich nah an deiner Brust,
verhindere ich Gefühle von Angst und Verlust,
so kuschelig warm halte ich dich im Arm,
umgebe dich mit meinem rosaroten Sonnenschein,
lade Liebe, Güte, Fröhlichkeit und Sinnlichkeit in dein Leben ein.
Erwarte nichts, und du wirst alles bekommen,
hältst du zu sehr fest, hast du dir selbst den Freiraum genommen.
Frei sein heißt, dir und deiner Wahrheit treu zu bleiben, keine faulen Kompromisse zu machen, nicht auf unfairen Handel einzusteigen.
Liebe dich selbst, und du wirst dir selbst der Nächste sein,
der alles mit einschließt und es mit allen zum Besten meint.
Denn alles im Universum ist in Balance, ich gebe sie dir zurück,
bringe in Ordnung, was das Leben ver„rückt".
Liebe ist die „Waffe" der Weisen, Stille, in der keine Gedanken in der Leere kreisen,
hole sie dir zurück, dann wirst du heiler ein Stück.
Wenn ich dich führe mit sanfter Hand, verbinden sich Herz und Verstand."

Rubin
(Erwachen, Herzensfreude, Liebe, Leben, Gelassenheit, Verführung, Leidenschaft)

„Aus dem Herzen der Erde, im Blut des ewigen Seins,
leuchtet meine Liebe als Heiligenschein.
Verführt und berührt habe ich schon so manche Herzen,
entzündet und befeuert die inneren Willenskerzen.
Wach auf und erkenne, wer du bist –
unendlich leuchtendes und klares Licht.
Umgeben von einem Schein, behütet von der Lebenskraft,
wird sie durch mich in dein Leben gebracht.
Ich verbinde dich mit dem Licht der Erde –
schicke es bis in deine tiefsten Wurzeln hinein,
so kann ich dein Herz mit dem Herzen der Erde vereinen.
Sei wachsam und gelassen, so liegt zu Füßen dir die ganze Welt,
denn sie ist es, die deine Ganzheit für dich in Händen hält.
Erfahre dich im Leben – die Kraft dafür kann ich dir geben.
Lass dich fallen und vertraue auf dich –
so wird jeder Moment leidenschaftlich.
Steh aufrecht und liebevoll für deine Standpunkte ein,
so wird dein Weg ein klarer sein.
Die Sanftheit in dir führt dich am Ende ans Ziel,
denn sie ist es, die verbunden sein will.
Lege die starren Facetten und Muster zur Seite,
ich unterstütze dich mit meiner inneren Weite.
Tauche ganz tief ins Leben ein,
mit mir kannst du präsent und tatenfroh sein."

Saphir

(Einigkeit, Intensität, Orientierung, Formlosigkeit, Bewusstsein,
Auflösung, Alles und Nichts, Klarheit, Jungbrunnen)

„Gekommen, um nicht mehr zu gehen,
kann man meine Schwingung schwer verstehen.
Sie entspringt dem Alles und dem Nichts,
sorgt somit für Beständigkeit im Wandel der Welt.
Weil das Unbeschreibbare am Ende die einzige Zuflucht ist,
ist es meine wortlose Wahrheit, die zählt.
Verlasse dich auf meine Führung, schalte aus den Verstand,
denn verstehen kannst du sie nicht,
ist es das Wort, das aus der Stille zur Stille im Stillen spricht.
Ich sprenge deine Grenzen, schaffe, was dir unfassbar,
ist meine Beschaffenheit besonders rein und klar.
Denn nur wer kosmische Ordnung in sich hat,
der kann zur Formlosigkeit übergehen,
sonst würde er das Wirken der Ganzheit nicht verstehen.
Ich helfe dir, Klarheit in dir zu finden,
dann kann sie durch die Transzendenz verschwinden.
Gehe immer weiter und weiter deinen Weg,
durch mich wird dir ein Meilenstein gelegt.
Wortlos wirke ich, also unterschätze mich nicht.
Verbinde dich mit mir, und der Wille Gottes wird in dir regieren.
So wirst du geführt durch die große eine Kraft,
die zum Wohl aller Wesen Liebe und Frieden erschafft."

Silber

(Klärung, Einweihung, Verbindung mit dem inneren Wissen, Selbstfindung, Wandlung/Erneuerung, Klarer Blick, übersinnliche Fähigkeiten, Meisterschaft)

„Ich bin ein wahres Geschenk der Erde an die Menschen,
so sprenge ich deine selbst gebauten Grenzen.
Bringe dich mit deiner eigenen Größe in Kontakt,
so bekommst du von deiner Göttlichkeit einen Geschmack.
Ich kläre und reinige, bringe wieder in die Ordnung zurück,
habe schon so manchen Geist mit dieser Reinheit entzückt.
Durch mich verbindet sich dein Energiesystem,
mit den Einweihungswegen, die schon seit Urzeiten bestehen.
So führe ich dich auf den Weg,
bin die Kraft, die dir immer zur Seite steht.
Mit den Augen des Schöpfers blicke ich auf die Welt,
ist es meine Kraft, die das Leben am Leben erhält.
Unbändig und mit mächtigem Ton dringe ich in die Materie ein.
Nutze deine Kraft – in deinem Besitz ist sie schon,
so wird dein Weg auf ewig ein glorreicher sein.
Wie mein Glitzerschein lade ich dich zum Strahlen ein.
Meine Stimme, bedacht und weise,
flüstert unaufhörlich und leise.
Leitet dich, führt dich zur Meisterschaft in dir,
verbindet dich direkt mit dem Jetzt und Hier.
Die Weisheit, sie strahlt aus meinem Herzen aus
und bringt dich direkt zurück nach Haus.
Also nutze das Mysterium, das dir durch mich gegeben,
so bekommst du schon jetzt des Himmels Segen."

Smaragd

(Perfektion, Sinnlichkeit/Erotik, Meditation, Aufwachen, Telepathie, Glück und Freude, Stabilität, Magie, Kontakt zu höheren Wesenheiten, Traumaheilung)

„Ein Geheimnis bin ich im Reich der Steine,
im Wesen eine ganz besonders Feine.
So bring ich dir Wahrnehmungen in Bereichen,
von denen du nur zu träumen wagst,
mit meinem Strahlen ist es die negative Energie,
die du aus deinem Leben jagst.
Denn in meinem Umfeld können nur Liebe, Glück und Freude
auf Dauer Zuflucht finden,
alles andere wird durch mich in Raum und Zeit verschwinden.
Ich mag die Gemeinschaft, für sie stehe ich ein,
denn was wäre ein Lebewesen, würde es ganz alleine hier sein.
Ich verbinde, wecke deine inneren Potenziale auf,
vertraue mir, dann nimmt dein Weg zur Weisheit seinen natürlichen Lauf.
Magie liegt in mir, so rufe ich kosmische Kräfte,
vermehre und stärke deine inneren Energien und Körpersäfte.
Gebe dir Stabilität in Zeiten der Krise,
umgebe dich mit Liebe, denn sie ist meine Devise.
In meiner Obhut bist du gut beraten,
folgen aus meinen Worten greifbare Taten.
So unterstütze ich dich, deine Ideen in die Welt zu bringen,
gebe dir Kraft, um mit den Herausforderungen des Alltags zu ringen.
Für die Innenschau wurde ich gemacht,
so führe ich dich ganz tief in dich selbst hinein.
Habe schon manchen zur tiefen Selbsterkenntnis gebracht,

denn gemeinsam kann unser Leben ein erleuchtetes sein.
Sei dir gewahr, ich bin im Herzen immer für dich da."

Sodalith
(Meer, Geben und Nehmen, Einklang, Traumaheilung, Genuss, Ruhe, Genügsamkeit, Auflösen von alten Strukturen, Gemeinsamkeit, mentale Heilung, inneres Zuhause)

„Ich bin das Maß aller Dinge, weil ich mich auf das Wesentliche besinne.
Halte Ausschau, habe Weitblick und wirke bedacht, denn ich erkenne: In der Ruhe liegt die größte Schöpfermacht.
Vergisst du dich und die grundlegenden Dinge,
helfe ich dir, indem ich dich auf das Essentielle im Leben einschwinge.
Verlässt dich die Hoffnung, verlierst du den roten Faden im alltäglichen Sein,
lade ich dich durch meine Liebe erneut auf deinen Seelenweg ein.
Verwirrung kann nur dort entstehen, wo die Winde der Unruhe wehen.
So öffne ich die liebenden Arme der Stille für dich,
denn die Stimme der Meeresgöttin spricht durch mich.
Bring ich die Kraft des Wassers in dein Leben,
kann sie dir Frieden, Balance und Einheit geben.
Besinne dich auf das Schöne im Zusammensein und in dir,
dann wird aus dem kleinen separierten Ich ein großes, liebevolles Wir.
Leg ab die alten Muster und Gedanken vergangener Zeit –
mach dich für das Neuland bereit.

So unterstütze ich dich, alles Schwere hinter dir zu lassen,
um die neuen Möglichkeiten deines Lebens besser zu erfassen.
Tiefe Ruhe kehrt ein, findest du erst dein inneres Zuhaus,
dann schwingt sich die Suche im Außen langsam, aber sicher
aus.
Der Weise geht die geführten Wege des Seins,
auf diese Reise lade ich dich ein.
Vollkommenheit wirst du nur dann erlangen,
bist du nicht mehr von der Hektik des Alltags gefangen.
So biete ich dir Zuflucht und ein Heim,
wirst du bei mir auf immer und ewig herzlich willkommen sein."

Tigerauge
(Fokussierung/Konzentration, Weitsicht, Belebende Wirkung, Optimismus, Abbau von Scham, Hinterfragung des Selbst, Gemeinschaft)

„Im Auge des Feuers habe ich das Licht des Lebens erblickt,
von dort aus wurde ich zu den Menschenwesen geschickt.
Für Klarheit und Fokus stehe ich ein,
durch sie kann dein Leben getragen sein.
Ich brenne, doch ich brenne niemals aus,
kann dich lehren, wie du deine Kraft gut zusammenhältst.
Selektiere unnütze Dinge und wirf sie raus,
schaffe dadurch neuen Platz in deiner Innenwelt.
Ich halte zusammen –
so stehe ich auch für die Gemeinschaft ein,
kann dich von den Ängsten vor Kontakten befreien.
Hinterfragst du dich und deine Existenz ganz genau,
wird dein Bewusstsein klar wie der morgendliche Tau.

Wirst du sehen, dass dein Selbst schon immer in der Einheit wohnt,
findest du in meinem Inneren die Antwort auf deine Fragen –
eine Reise, die sich wirklich lohnt.
Gemeinsam sind wir stark, das ist es, was ich dir zu zeigen vermag.
Sei wachsam und flexibel zugleich, dann bist du ein Weiser im Erdenreich."

Topas
(Reichtum, Fülle, Erleichterung, Geduld, Sanftmut, Glaube an etwas Größeres, Weltenseele)

„Geduld und Reichtum bringe ich in dein Leben,
so kann ich dir von der Schokoladenseite des Lebens geben.
Aufrichtig und mutig zugleich, schaffe ich Klarheit im zwischenmenschlichen Bereich.
Denn ich sage, was mich bewegt, nehme kein Blatt vor den Mund,
spüre tief in mich hinein und tue meine authentische Wahrheit kund.
Mit mir kannst du deine Wahrheit besser verstehen,
kannst die Zusammenhänge und Entwicklungen sehen.
Für etwas Größeres als dich selbst mache ich dich bereit,
so habe ich schon viele von ihren begrenzenden Mustern befreit.
Ich bringe Klarheit und Segen auf all deinen Wegen.
Leuchte sozusagen in der dunkelsten Nacht,
damit das Feuer deiner inneren Weisheit entfacht.
Alle Wesen auf dieser Erde sind miteinander vereint,

mit meiner Kraft durchbrichst du die Illusion, die manchmal wie Trennung scheint.
Ich lade dich in die Weiten der Weltenseele ein,
öffnest du dich dafür, kann Verbundenheit wahrlich einfach sein.
Im Ozean des Lebens ist keine Bewegung vergebens.
Vertraue! Alles folgt dem göttlichen Lauf.
So begib dich auf die Reise und gib niemals auf.
Die Kraft und das Durchhaltevermögen dafür kann ich dir geben,
bin auch noch bei dir, wenn die Wände wackeln und beben.
Denn dafür wurde ich gemacht – Beständigkeit und Durchhaltekraft.
Ist es die reine Seelenenergie, die aus mir fließt,
freue ich mich, wenn du sie mit mir gemeinsam genießt."

Turmalin
(Schutz, Kraft/Macht, Tor zu anderen Welten, Vereinigung, Transzendenz, Transformation von Gewalterfahrungen, Hohe Priester, Akasha-Chronik, Weisheit)

„Aus sehr kraftvollen Gebilden wurde ich geformt,
von keiner Macht davor genormt.
So habe ich meinen Weg gefunden,
auch in dunklen unberechenbaren Stunden.
Geradlinig und von Weisheit geführt, schritt und schreite ich voran.
Gibt es niemanden auf der Erde, der mich noch etwas lehren kann.
Selbstbewusst und mir meines inneren ewigen Wissens gewahr,

bin ich als Wegbegleiter und Erinnerer gar wunderbar.
Helfe mit Weisheit und Querdenken aus,
hole dich aus jeder misslichen Lage heraus.
Als Lehrer bin ich wohl bekannt,
habe geheimes Wissen in mir gebannt.
Öffne Tore zu anderen Welten für dich,
aus denen die göttliche Weisheit spricht.
Auch in die Zukunft kannst du mit mir reisen
oder dich unterhalten mit den alten Weisen.
Mit meiner Hilfe stehen dir alle Tore offen,
dann kannst du wirklich leben und aufhören zu hoffen.
Denn Hoffnung ist immer auf die Zukunft gerichtet,
dadurch wird die Präsenz der Gegenwart zu wenig gewichtet.
Ich mache dein Leben transparent,
durch mich bist du derjenige, der die Zusammenhänge erkennt.
So kannst du selbst zum Weisheitsträger werden,
altes Priester- und Heilerwissen aus der Akasha-Chronik erben.
Über das Mensch-Sein führe ich dich hinaus
zum Höheren Selbst und in die kosmischen Welten,
lehre ich dich die Gesetze des Lebens, aber auch welche, die im
Kosmos gelten.
Trägst du mich bei dir, blickst du in das große Segens-Gesicht,
denn ich bin der Stein, der aus der höchsten Schöpfungsebene
spricht."

Türkis

(Liebe, Universum, Vergebung, Allsein, Kraft, Loslösung vom Materiellen, Schutzraum, Meisterschaft)

„Das Herz der Herzen, das bin ich,
Liebe kommt, bin ich in Sicht!
Vergebung und alle Herzqualitäten entfalten sich in mir als Stein,
sei einfach so, wie du bist, denn so darfst du sein.
Übergib mir deine Sorgen und Schwere, ich trage sie für dich,
aber regelmäßig zu reinigen gilt es mich.
In der Erde hab ich mein Zuhaus,
dort ruhe ich mich auch zum Reinigen aus.
Denn nach getaner Arbeit kommt Entspannung auf den Plan,
nichts, was mich mehr bestärkt als der Erdenruhe Clan.
Die Verbundenheit untereinander zeige ich dir,
denn wir sind alle aus demselben Grunde hier:
„Zu leben der Liebe umfassendes Spiel –
zu erkennen die Einheit als göttliches Ziel.

Verbindet euch, zeigt und öffnet euer Herz,
teilt Liebe und Freude wie Kummer und Schmerz.
Denn nur das offene Buch kann man lesen,
sonst erkennt man kaum das wahre Wesen.
Ich öffne dich für die schönen Dinge im Leben,
zeige dir liebevoll auch deine schwachen Seiten.
Ein Leben ohne Schatten wird es so lange nicht geben,
lernst du nicht die „inneren Dämonen" in dir zu reiten.
Erst dann meisterst du der Drachenkräfte Geschenk an dich,
wirst erkennen, dass jeder Schatten am Ende ein Kind des Lichtes ist.

Ich helfe dir, die blinden Flecke zu sehen,
dann kannst du authentisch und wahrhaftig zu dir stehen.
Der wahre Meister ist sich seiner ungeliebten Aspekte gewahr,
wächst dadurch über sich selbst hinaus.
Mit meiner Hilfe erlangst du Meisterschaft ganz klar,
lehre ich dich zu reflektieren – gemeinsam misten wir den Keller
aus.
Für wahrlich Großes bist du bestimmt,
helfe ich dir, den Raum zu halten,
lernst du durch mich deine Grenzen besser zu verwalten.
Rufe mich, ich eile herbei,
dann wird dein Raum von fremden Energien frei.
Du und ich, wir sind Fenster im universellen Raum,
kosmisches Wissen durchwebt diesen Traum.
Nimm mich als Begleiter so rein und pur,
dann bist du dem liebevollen Leben auf der Spur."

Kraftpflanzen

Ackerschachtelhalm/Zinnkraut
(Stabilität, Weltenwissen/Urkosmos, Heilung, Weitblick, Erweckung der hellen Sinne, Kontakt zu den Spirits)

„Durch Jahrmillionen bin ich gereist,
das Wissen aller Zeiten wurde in mich eingespeist.
Ich erzähle dir vom Schöpfungsbeginn,
vom allmächtigen Schöpfer und dem Lebenssinn.
Ich halte zusammen, was zusammen gehört.
Nichts gibt es auf Erden, das mich empört.
Denn als Pflanze großer Schöpfermacht braucht man königliche Weisheitskraft,
zu tragen die Verantwortung, die wahre Ordnung schafft.
Ich bringe in dir wieder alles in Fluss, was jetzt heilen muss.
Versorge deinen Organismus mit universellem Leben,
damit die Zellen wieder gesundes Wachstum geben.
Deine hellen Sinne helfe ich zu aktivieren,
denn sie stammen aus dem Wissen aus früherer Zeit.
Eine Zeitreise zu machen, mach dich bereit!
Ich führe dich an vergessene Plätze der Menschengeschichte,
magische Täler und heilige Berge – weil ich das alte Wissen in dir wieder richte,
das Erleben der Naturgeister wie Feen und Zwerge.
Öffne dich für mich, und du tauchst ein
in die Vielfältigkeit des allmächtigen Seins.
Ich verbinde dich mit dem alten Wissen in deinem Wesen,
dann kannst du im Gewahrsein der Einheit genesen.
Erkennen, dass du nie alleine warst, denn wir waren immerzu bei dir.

Alle deine schützenden Geister rufst du im Kontakt mit mir.
Wenn du Schwäche leidest, ruf mich an,
Visionen und Verständnis gebe ich dir dann.
Stabilität im Zentrum deines Seins lädst du über meine Präsenz
in dein Leben ein.
Du und ich, wir sind ein gutes Gespann,
gibt es vieles, wobei ich dir helfen kann."

Alant

(Sonnenkraft, Macht, Integration, Transformation, Mut, Willenskraft)

„Sonnenwurzel werde ich genannt,
da in mir die Kraft der Sonne gebannt.
Auch auf inneren Abwegen führe ich dich zurück zum göttlichen
Segen.
An meiner Seite kannst du verweilen, werde ich Freude und Liebe mit dir teilen.
So viel Kraft gibt es in mir, alles davon schenke ich dir.
Damit du die Herausforderungen des Lebens bestehen kannst,
ein Lächeln von Herzen über deine Lippen tanzt.
Halte ich den Optimismus hoch, denn er ist es, der dich sanft
und freudig durchs Leben führt.
Wenn du ihn im Inneren spürst, ist es das Leben selbst, das dich
berührt.
Heilung schaffe ich, bringe Licht in die Dunkelheit,
vereine das, was die Negativität entzweit.
Kraft und Liebe, dein Wille – ein Schwert,
wäre ich ein Mensch, würde ich als Sonnenkämpfer geehrt.
Angst erlöse ich – siehst du nicht, es ist auch nur Licht.

Die Energiebewegung in der Einheit des Seins drückt sich oft als Verschiedenartigkeit aus und erweckt dadurch den Trennungsschein.
Ich zerbreche dieses Bild – habe ich dich erst einmal in die Macht meiner Präsenz gehüllt.
Feiere, frohlocke und lebe dein Leben,
denn darum wurde es dir gegeben."

Baldrian
(Tiefe Erkenntnis, Sammlung, Hellhören und Hellfühlen, Abbau von Spannung, Selbstreflektion, Kontakt zur Seele)

„Komm in mein Reich, hier herrscht absoluter Frieden,
gebe ich dir Zuflucht, wenn deine Seele wird umhergetrieben.
Sammle dich in dir, jetzt ist die beste Zeit dafür.
Aus der Quelle deiner Seele strömt empor
deiner inneren Stimme leiser, aber klarer Klang.
Zu lange war ihre Kraft in den Tiefen deines Wesens gefangen.
Rufe ich sie herbei – befreie dich,
sie zeigt dir, wer du wirklich bist,
und dass alles eine Frage der inneren Einstellung ist.
Tief lasse ich dich blicken, führe dich im Innenreich,
mache allzu starke Verhärtungen wieder weich.
Dann kann sich von ganz allein die Verbindung von Himmel und Erde in dir finden,
Menschenkind: Lass deinen Wankelmut verschwinden!
Spüre in dich, überlege und entscheide weise – dann lass dich ganz darauf ein, so wird deine Reise eine erfolgreiche sein.
Ich gebe dir Klarheit, helfe dir, die Entscheidung deines Herzens und der Seele zu finden,

dann können viele Zweifel im Licht der Klarheit verschwinden.
Viel mehr bedeuten deine Präsenz und dein inneres Erleben,
als die Gegebenheiten, die dir von außen gegeben.
Führe ich dich auf den inneren Kern zurück,
bringe dich deiner Seele näher, Stück für Stück."

Basilikum

(Selbstliebe, Liebe, Heilung, innerer Raum, heilige Weiblichkeit)

„Die Königin der Kräuter bin ich, Selbstliebe ist es, die aus mir spricht.
Um die Einheit wieder zu erschaffen, wurde ich den Menschen gegeben.
Nimm dich selbst in die Arme, das ist der größte Segen.
Denn von außen kannst du nur bekommen,
hast du es in dir selbst schon angenommen.
Das Außen ist der Spiegel von innen,
lehre ich dich, dein eigenes Heilungslied zu singen.
Dich selbst zu ehren, wie du bist, und jenen Platz, wo dein Leben gerade steht,
denn das ist es, worum es hier auf Erden geht.
Um Liebe zu leben auf all deinen Wegen, erscheint es manchmal auch ziemlich schwer,
stehe ich dir zur Seite, schwäche deine Gegenwehr.
Gib dich dir selbst und dem Leben hin,
das macht wahrlich den meisten Sinn.
Die Kraft der Weiblichkeit erwecke ich in dir, lehre dich, dass alles zusammenfindet.
Erwecke deine Sinne, zeige dir, was dich ans Leben und die Menschen bindet.

Bindung kann gut sein, oder auch nicht,
zu erkennen den Unterschied macht das Gewicht.
Abzuwägen helfe ich dir, die Lehre musst du selbst ziehen,
auch wenn du eine Führerin findest in mir,
musst du dich selbst um deine Freiheit bemühen.
Ich vereine die Kräfte des Menschen mit den Mächten der Natur, hinterlasse in jedem, der mich nutzt, eine heilsame Spur!"

Beifuß
(Kraft/Macht, Magie, Schutz, Sammlung, Großmut, Reinigung)

„Im Finden bin ich der große Meister,
egal, ob Weg, Klärung oder Anrufung der Geister.
Verbinde ich alles in einem Stück,
lasse nichts und niemanden alleine zurück.
Reinige den Körper, den Geist, die Seele, das Licht,
auf dass der göttliche Funke in dir niemals erlischt.
Viel zu schade wäre die Reise,
dreht man im Sumpf der Illusionen die Kreise.
Jeder Gedanke, den du der Trennung schenkst, wird wahr.
So, wie jeder Gedanke, den du der Freude und Einheit schenkst,
beides erschafft – wie wunderbar.
Bin ich ein Kraut, um zu klären der Gedanken und Emotionen
Kraft, zu manifestieren, auf dass du Liebe im Leben erschaffst.
Wäre ich ein Mensch, ich wäre ein König,
ein Führer und Priester, der dem Ganzen dient.
Alles schenkt, was er hat, sich selbst und sein Ego ganz und gar
zurücknimmt.
Denn du kannst nur dann für andere wichtig sein, machst du
deine Selbstwichtigkeit klein.

In Bescheidenheit und trotzdem Fülle zu leben, lehre ich dich,
gehe mit dir und anderen nicht so hart ins Gericht – ich warne
dich!
Denn wer zu stark urteilt, schwingt der Trennung Schwert,
macht sich zum Kampf bereit,
sodass er vom reinen Weg des Herzens abkehrt.
Der Wahrheit Thron wartet in der Bescheidenheit Lohn.
Magie trage ich in mir, vom Wurzelstock bis zur feinsten Blätter-
spitze haben in mir die Wohnungen der Naturgeister ihren Sitz.
Alle lieben mich, denn ich stehe immer mit Rat, Tat und Hilfe zur
Seite, in guten wie in schlechten Zeiten."

Brennnessel
*(Lichtkraft, Erneuerung, Vision, Schutz, Grenzen setzen, Trans-
zendenz)*

„Für das Gute im Menschen kämpfe ich,
Widerstände stören mich nicht.
Viel zu lange habe ich im Lichtschein gebadet, Liebe erfahren,
mich mit Schöpferkraft aufgeladen.
Höre mein Singen, das Lied der ewigen Zeit,
höre mein Lachen – mach dich für deine Erneuerung bereit.
Streife ab, was dich so lange schon belastet,
was dich umhertreibt, dich nötigt und hastet.
Das Leben ist viel zu schön,
bleib nicht im Sumpf der Gewohnheiten stehen.
Pack an die Sachen, die schon so lange darauf warten,
dein Leben soll nicht zur Gewohnheit werden – mische neu deine Karten.
Auf Erden strahlt das Himmelreich,

mach es im Handeln den Göttern und Göttinnen gleich.
Ich strahle Liebe aus und bade dich darin –
zeige dir im Leben den tieferen Sinn.
Höre, oh höre, wie ich die Welt betöre,
vom Staunen kaum halten kann man mich –
alle Wesen der Schöpfung liebe und verehre ich.
Mein Wesen steht für Selbstwert, Selbstliebe und Sein,
bringe ich diese Aspekte in deinen Alltag hinein.
Du und ich, wir sind verbunden im Geiste,
nutzt du mich, wirst du kraftvoll, geduldig und weise."

Cistrose
(Heilung, Liebe, Erkenntnis und Verständnis, Fluss des Lebens)

„Vom Olymp wurde ich als Genesungshelferin gekürt –
eine Ehre, die mir wahrlich gebührt.
Ich helfe und bringe im Körper alles wieder zum eigenen Lauf.
Selbst bei schlimmsten Leiden trinke mich und gib niemals auf.
Denn alles will dich etwas lehren, nutze meine Weisheit,
damit die Erkenntnisse der Heilung wiederkehren.
Sanft bringe ich Heilung – Liebe fließt im offenen Fluss.
Ist es die Verbindung von Leben und Liebe, die du zu dir selbst
wieder öffnen musst.
Dann kann Heilung geschehen,
wenn Schmerz, Unliebe und Leid vergehen.
Lehre ich dich, ganz sanft mit dir zu sein,
dann können Schönheit und Freude im Leben gedeihen.
Heile, heile, heile –
nimm dir Zeit für dich, denn es dauert manchmal eine Weile.
Steig aus dem Strom des Müssens aus,

auch der gemütliche Fluss des Seins bietet dir ein wohliges Zuhaus.
Wenn die aufgesetzten Masken fallen,
sind es die Kräfte des Lebens, die sich wieder in dir ballen."

Copal
(Reinigung, Gottverbindung, Allmacht, allumfassendes Wissen, Sein im Einklang)

„Aus Gottes Nektar gemacht,
der Akt der Kraft durch mich vollbracht.
Reinige ich mit der höchsten Macht von Gottes Thron,
ein Geschenk, das zu nutzen sich lohnt.
Viel Weisheit trage ich in mir, gerne teile ich sie mit dir.
Denn nur was geteilt wird, überlebt,
alles Geheime irgendwann vergeht.
Der Schlüssel zur Erkenntnis liegt in meinen Händen,
solltest du dich nur an das Göttliche wenden.
Denn alles andere geht mit dem Wandel einher,
durch mich schaffst du stetige Verbindung – bitte sehr!
So viele Geschichten habe ich zu erzählen,
sie geben den Menschen Rat, wenn sie sich quälen.
Die Qual ist Ausdruck des vergessenen Seins,
lade ich dich herzlich in die Ganzheit mit ein.
Komm zu mir, nimm meine Hand,
zusammen streifen wir durchs Seelenland.
Ich erinnere dich an dein göttliches Wesen,
den Platz im Herzen, der Ort zum Genesen.
Allmacht ströme durch mich in dein Leben ein,
auf dass du dich selbst ermächtigst, denn so soll es sein."

Eisenkraut

(Durchlässigkeit für die Informationen aus höheren Ebenen, Kraft/Ausdauer, Konzentration, Leistungssteigerung, Erdkräfte, Verjüngung und Unsterblichkeit, Heilung von Traumata und seelischen Wunden)

„Von den Göttern wurde ich auf die Erde eingeladen,
damit ich hier hilfreich zur Seite stehen kann.
Habe sozusagen eine besondere Funktion im göttlichen Garten,
fängt durch mich ein tiefer Heilungsprozess in dir an.
Im Namen der Verbindung haben sich die vitalen Lebenskräfte
in mir vereint,
denn zum Verbinden der Gegensätze ist meine Existenz gemeint.
So verbinde ich Himmel und Erde in dir,
damit du behutsam durch dein Leben wandeln kannst.
Helfe dir, auf allen Ebenen lockerer zu sehen,
damit du dich zunehmend ins Leben hinein entspannst.
Denn die Anspannung entsteht nur im Geiste,
wenn er verblendet und auf die falsche Fährte gelenkt –
so helfe ich dem Menschenkind, dass es mehr lebt und weniger
denkt.
Aus dem Jungbrunnen schöpfe ich,
bin somit eine Pflanze, die ewiges Leben verspricht.
Gebe dir Halt in besonderen Zeiten,
helfe dir aber auch, deine Wahrnehmung für die geistigen
Welten zu weiten.
Durch mich kannst du dich mit den höheren Anteilen deiner
selbst verbinden,
kannst dadurch die Kleinheit deiner eigenen Begrenzungen
überwinden.

Ewigwährend spende ich Trost und Heilung für die Verletzungen und Wunden im seelischen Erfahrungsraum,
denn ich durchwebe mit meinem lichtvollen Sein des Menschen Lebenstraum."

Engelwurz
(Göttliche Verbindung, tiefste Erdweisheit und -liebe, Heilung, Erkenntnis, Vergebung, Sein)

„Die Kraft der Engel schwingt durch mich herein,
liebevolles, kraftvolles, alles durchdringendes Sein.
Vergebung vom tiefsten Platz der Erde,
damit Frieden in deinem Inneren werde.
Die Anbindung zum kosmischen Einklang bringe ich dir zurück,
so kommst du der Vollendung näher, Stück für Stück.
Erkennen kann nur jener ganz,
hat er zum weltlichen Geschehen eine gesunde Distanz.
Die Macht sei mit dir,
das wünsche ich dir aus tiefstem Herzen.
Vergiss nicht: Leben bedeutet, auch öfter zu scherzen.
Mit einem gesunden Lachen treibst du die bösen Gedanken hinfort, denn sie bestehen nicht an einem freudvollen Ort.
Ich führe dich bis tief in dein Innenleben hinein,
dort kannst du auf ewig zu Hause sein.
Rufe meinen Namen, dann wird Frieden mit dir sein,
erkennst du dein wahres Wesen, machst du dich nie wieder klein.
Du bist alles, alles ist in dir,
dein Weg ist dein Ziel – glaube mir!"

Gänseblümchen
(Liebe, Sanftheit, Schönheit, Einklang im Sein, Reinheit)

„Lieblich bin ich, zart sogleich,
bin ich die Prinzessin hier im Pflanzenreich.
Nehme jeden in den Arm, der sich nach liebevoller Zuwendung sehnt,
bin ich wie eine liebende Mutter, die dein Inneres Kind verwöhnt.
Umgebe alles mit meinem hellen und schützenden Sein,
damit du zufrieden durchs Leben gehen kannst,
hülle dich in meine Ausstrahlung ein.
Sympathie bringe ich dir, in jeder Zelle schwingt sie mit mir.
Hast du Stress oder Streit mit anderen,
rufe meine Schwingung herbei, und du wirst wieder leichter im Reich des Friedens wandern.
So einfach kann das Leben sein,
lässt man sich auf die Schönheit in allem ein.
Diesen Weg zeige ich dir, unermüdlich, präsent und immerdar,
so blühe ich auch fast über das ganze Jahr.
Unscheinbar und machtvoll zugleich,
bin ich eine Kriegerin der Liebe im Erdenreich.
Den Kontakt zur Großen Göttin habe ich stets gepflegt,
ihr geheimes Wissen wie den Stein der Weisen gehegt.
Tauche in mich ein, und du wirst das Erdenwissen finden,
durch mich werden sich deine Gedanken mit dem alten Wissen verbinden.
Sei im Vertrauen und gehe immer tiefer hinein,
so können wir für immer und ewig im Herzen der Erde zusammen sein."

Ginseng

(Altes Wissen, Kraft, Verjüngung/ewiges Leben, Erweckung von Totem zum Leben, Sammlung, Erdverbindung, Heilung)

„Tief in der Erde habe ich Haus und Heim,
so zeige ich dir, wie es sich anfühlt, in dir zu Hause zu sein.
Kraft meines Amtes hebe ich dich empor
zur Krone der Schöpfung, empfangen vom heilenden Chor.
Bring ich die Säfte im Körper zum Fließen,
auf dass die neuen Samen sprießen.
Um dauerhaft im Positiven zu leben,
gilt es Kraft und Konzentration in dir zu hegen.
Bewusstsein schafft den ersten und wichtigsten Schritt,
kennst du dein Ziel, gehst du durchs Leben bedacht mit jedem Tritt.
Klarheit und Durchhaltevermögen sind meine treuen Begleiter,
mit ihnen an der Seite ist der Alltag sonnig und heiter.
Auch wenn nicht jeden Tag die Sonne scheint,
wirst du auch in Wechsellagen stets ein Gefühl der inneren Stärke haben.
Das verspreche ich dir, also gehe mit mir.
Bin ich ein treuer Freund für ein Menschenleben,
so habe ich meine Kraft stets für das Gute gegeben.
Nutze die Kraft, die Heilung und das alte Wissen, das in mir verborgen liegt,
so hat schon so mancher mit mir an der Seite Krankheit und Schwäche besiegt."

Gundermann

(Höheres Selbst, Gott und Allwissen, Erde und Himmel, Selbstreflexion, Sammlung im Innen, Transzendenz)

„Oh, mein Gott, ich wurde mit soviel Liebe und Weisheit geschaffen,
sie durchströmt mich jeden Tag, ich kann es selbst kaum fassen.
Wie sich die Fülle in mir ergießt,
das pure Leben aus jeder meiner Zellen sprießt.
Nutze mich, jetzt, wo du weißt,
dass die Verbindung mit mir Seelenfrieden verheißt.
Ich ziehe dich direkt in den Körper hinein,
mit voller Präsenz im Leben zu inkarnieren lade ich dich hiermit ein.
Verbinde ich dich auch mit deinem höheren Wesen,
als Quelle der Kraft – so können Körper und Geist genesen.
Meiner Talente sind derer so viele, es würde den geschriebenen Rahmen sprengen,
sage ich nur so viel: Du kannst mich bei keinem dir bekannten Namen nennen.
Bin ich der eine unter den vielen oder auch nicht,
nichts, das mich an Raum und Zeit hier bindet.
Probleme sind für mich so unfassbar, dass ein jedes im Geist der Einheit verschwindet.
So führe ich zurück, was vom Schöpfer entzweit,
ist es allein meine Anwesenheit, die alles durch Heiligkeit weiht.
So wurde ich auch von den Alten verehrt,
als Kraut, mit dem die Göttlichkeit wiederkehrt.
So lade ich dich ein – eins mit mir und meinem Wesen zu sein."

Hagebutte
(Liebe, Selbstfindung, Vollkommenheit, Reinigung, innerer Frieden, Lebenslust, Heilung)

„Ich bin so prächtig, in mir glüht es mächtig.
Aus Gold bin ich gewonnen,
die Früchte der Liebe sind in meinem Inneren geronnen.
Darum zweifle nicht, sei einfach du, nichts anderes gibt es im Leben zu tun.
Ich trage dich zum Thron, der in deinem innersten Herzen wohnt,
sammle deine Kräfte zusammen, auf dass sich das Leben wieder lohnt.
Sei dir gewahr, das Leben an meiner Seite ist WUNDERbar!
Die Heiler deiner Vorfahren haben mich geehrt,
an ihrer Seite habe ich viel Unheil von Mensch und Tier abgewehrt.
In Form von Rauch, getrunken als Tee, freue ich mich,
wenn ich zu Diensten eines Menschenkindes steh.
Blutsverwandt sind wir, du und ich,
denn es ist auch die Liebe, die aus deinem Herzen spricht.
Rot bin ich wie das Blut,
so durchfließe ich deine Adern, tue deinem Lebenssaft so gut.
Um friedlich zu stimmen wurde ich genutzt,
denn in meinem Kreis hat noch niemand die Ehre eines anderen beschmutzt.
Nobel und fein, so will ich sein.
Wut und Streit, für so etwas ist mir zu heilig die kostbare Zeit.
Nutze mich, um das Lied der Götter zu singen.
Mit mir kannst du tanzen, toben und springen."

Haselnuss
(Alchemie, allumfassende Liebe, Schutz, Fülle, Halt im Inneren)

„Unter den Nüssen hüte ich das Gold, wahrlich bin ich ein König unter den Pflanzen.
Lehre ich die Alchemie, lehre dich, mit dem inneren Feuer zu tanzen.
Heilig war ich schon seit Anbeginn der Zeit,
habe geheilt, was die Trennung entzweit.
Für Frieden stehe ich ein,
darf in meinem Herzen alles in wahrer Verbindung sein.
Denn mein Herz ist so groß, darin ist für alles Platz.
Auch wenn Wut, Hass und Trauer toben, erkenne ich darin den Lebensschatz.
Nutze die Energie, setzte sie sinnvoll um und ein,
so kann dein Weg unter meiner Führung ein erleuchteter sein.
Ich schütze dich, halte dich im Inneren fest,
baue dir im Herzensraum ein Nest.
Den Zugang zum heiligen Herzen eröffne ich dir,
so wird aus den vielen Ichs ein Wir.
Denn wahre Sicherheit kann nur entstehen,
wenn alle Trennungsgedanken vergehen.
Es wird immer Unterschiede geben – nimm sie als Geschenke, nicht als Last,
und dein Leben wird sich auf der Sonnenseite bewegen.
Wenn wirklich alle Stricke reißen, halte ich auf ewig zu dir,
rufe mich, und du wirst meine bedingungslose Unterstützung spüren.
Im Reich der Pflanzen hüte ich eine besondere Gabe – die allumfassende Liebe, die ich in mir trage. Lade dich ein, mit mir zu sein, im freudigen Lebens- und Herzensschein."

Holunder

(Präsenz, Vergebung/Heilung, Licht, Erdkontakt, Ahnen/Reinigung, Weisheit)

„Die große weise Erdgöttin entfaltet sich durch die Präsenz meines Seins, tauche ganz und gar in ihre Schwingung ein.
Hast du sie erst als Teil von dir erkannt,
hat sich dein Leben zum Guten gewandt.
Wo Einsamkeit und Trennung ihr Ende finden, dort warte ich auf dich.
Dort, wo sich Erde und Kosmos verbinden, trifft die Natur auf des Menschen Gesicht.
Ich lade dich ein, deinen Körper zu spüren und auf seine Kraft zu schwören,
auf seine Weisheit und Wahrnehmung zu hören.
Er führt dich in die Aufmerksamkeit im Augenblick,
lass deine überschüssigen Gedanken in der Hingabe an deinen Atem zurück.
Tiefe Erdenweisheit strömt durch meine Poren,
verbinde dich mit mir und erinnere dich an das, was du einst hast verloren.
Heilung bringe ich mit all meinem Wesen,
übergebe alle Negativität dem Erdkern,
auf dass das Menschenkind kann genesen
und sich verbinden mit dem Erdenstern.
Jener Ort, wo deine Erdenheimat ist,
wo die tiefe Liebe niemals erlischt.
Weil sie dort auf fruchtbarem Boden steht –
zeige ich dir, wie Fruchtbarkeit zu erschaffen geht.
Ich bringe dir den göttlichen Segen, helfe dir, von Herzen zu vergeben.

Denn die Wunden heilen nur dann,
wenn man die Vergangenheit in Frieden und Liebe loslassen kann.
Lass mich ein Sprachrohr zu deinen Ahnen sein,
ich kann dich von ihrer karmischen Last befreien.
Zusammen sind wir stark, ein Bündnis, das keine Macht der Welt zu brechen vermag.
Nimm mich zu dir als Begleiter und in dein Herz,
helfe ich dir hinweg über Leid und Schmerz."

Hopfen
(Gemütlichkeit, Licht, Entspannung, Wohlfühlen, Einkehr, Beruhigung, Sensibilisierung)

„Wohl fühle ich mich als Pflanze, genauso wirke ich auf das Ganze.
In mir sind so viele Glücksstoffe enthalten,
so kannst du die Freude des Lebens entfalten.
Das Licht und die Heilung schlummern in mir drin,
weil ich im Zentrum eine Lichtbringerin bin.
Bescheidenheit wohnt im Herzen des Weisen,
auf dem Weg zu dieser Stelle kann ich mit dir reisen.
Locke ich die guten Geister mit meinen Düften an,
damit man sich in meiner Umgebung entspannen kann.
Sanfte Liebe fließt stetig von mir zum Herzen der Erde,
bis in deine tiefsten Zellebenen hinein unterstütze ich,
damit auf Erden alles wieder zur Einheit werde,
Harmonie herrscht, denn so soll es sein.
Mein golden sanfter Hauch liegt über allem und ist immer da,
wenn man ihn braucht.
Er streichelt dein Herz, legt seine Hand schützend um dich –

ist es eine erleuchtende Sprache, die aus mir zu dir spricht.
Friedlich und genussvoll lebe ich meine Leben,
aus diesen unerschöpflichen Quellen kann ich dir geben."

Ingwer
*(All-Heilmittel, innere Balance, Feuer, Freude, Transformation
alter Muster)*

„Feuer brennt in mir, bin ich die Genesungs-Tür.
Schmeiß alles aus dem Körper, was nicht dorthin gehört,
hab schon so manchen ungebetenen Gast gar empört.
Ich reinige und mache deine Gedanken frei,
mit mir rufst du Bewegung statt Stagnation herbei.
Ein treuer Begleiter zu aller Zeit,
bin ich als Allheilmittel und immer zum Helfen bereit.
Wenn Trauer, Müdigkeit und Frust dich befallen,
lass meine Kräfte durch deinen Körper wallen.
Wenn Krankheit dich plagt, ist Ingwerzeit angesagt.
Siehst du den Weg nicht klar, benutze mich,
dann ist wieder Klarheit in Sicht.
Beim „In-dir-Sammeln" unterstütze ich dich,
um dich auf den Punkt zurückzubringen.
Von deiner Seite weiche ich nicht,
lass uns gemeinsam wieder die Mitte erringen.
Dort, wo die Kraft zu Hause ist, warte ich auf dich.
Dort, wo Weisheit und Ruhe im Stillen verweilen,
werde ich meine Liebe mit dir teilen.
Das Geheimnis der Heilkraft liegt in mir,
bin ich weder Pflanze, Mensch noch Tier.
Ein Relikt aus längst vergangenen Tagen,

wo alle Lebewesen noch in Einheit waren.
Diese Einheit bringe ich zurück in dein Leben
Das und vieles mehr kann ich dir geben."

Johanniskraut

(Sonne, Leben und Erneuerung, Kraft, Optimismus, heilende Gedanken, Fülle)

„Sonnenkraft ist Lebenssaft, ist es die Sonne,
die meine Substanz durchdringt und erschafft.
Schon in frühen Zeiten wurde ich hoch geehrt,
bin ich jene Pflanze, die gute Laune beschert.
Bringe zum Strahlen, was einst verblasst,
nehme aus Kopf und Gefühl die schwere Last.
Zeige die positiven Wege und Blicke auf,
gehst du an meiner Seite, wird dein Leben zum „Sonnenlauf".
Hurra, Hurra, Hipp Hipp Hurra –
mit mir an der Seite ist der Alltag einfach wunderbar.
Für mein Strahlen bekannt bin ich in der Pflanzenwelt,
stehe ich symbolisch auch für Liebe, Macht und Geld.
All das, was sich gebiert, was erschafft und sich vermehret,
damit man die Schöpfung in ihrer Fülle ehret.
Trauer zieht durch mich an dir vorbei,
finden trübe Gedanken in meinen Gefilden die Schranken.
Mache ich dich von Sorgen und Nöten frei,
dann musst du nicht mehr von einer Seite zur anderen wanken.
Sonnenschein im Herzen bringt Stabilität in dein Leben,
das und vieles mehr kann ich durch meine Anwesenheit geben.
Verlass dich darauf, dass es ein Licht gibt, das dich immerzu auf
deinem Weg begleitet,

findest du keinen Ausweg, rufe mich, und ich werde zur Stimme, die dich leitet."

Kakao

(Heilung, Herzaktivierung, Integration von Schatten, Ganzheit, Leben im Sein, Fülle)

„Die Magie des Lebens schwingt in jeder meiner Zellen,
sie kann dir den Blick auf das Wesentliche erhellen.
Meine Mission ist es, Frieden auf der Welt zu schaffen,
dafür stehe ich mit meinem ganzen Wesen,
musst du zuvor die Ganzheit des Lebens raffen,
verdrängte Emotionen integrieren, um zu genesen.
Die Macht der Liebe bringe ich zu dir, sie kann wirklich jedes Leiden heilen,
wenn du bereit bist, Mitgefühl und Akzeptanz mit dir und anderen zu teilen.
Dabei stehe ich dir zur Seite, war schon immer ein treuer Freund in des Menschen Leben,
mit klarem Blick, zum Wohl der gesamten Schöpfung gegeben.
Ein Heiler bin ich unter den Pflanzen, nutze mich, um mit deinen Schatten zu tanzen.
Denn nur wer fühlt, kommt am Ende bei sich selbst an,
alles andere ist nur des Lebens Achterbahn.
Ruhe, Gewahrsein und ein offenes Herz sind des Menschen wahre Stärke,
denn durch diese Qualitäten entstehen ganzheitliche und heilsame Werke.
Um am Ende zu sehen, dass alles, was du spürst,
in dir die Wurzel trägt,

niemand anders dafür Verantwortung hegt.
Rufe meinen Geist, ich führe dich auf die Seelenreise –
auf zur Heilung, zur nährenden Speise.
Der Trank der Götter bin ich, Nektar, Oase des heilenden Seins,
bringe ich dich in diese Regionen der Schöpfung hinein.
Verlasse dich auf mich, ich stehe dir immer zur Seite,
eröffne dir Klarheit, Verständnis und innere Weite.
Denn ich bin die Pflanze der Weisheit, wurde dir gegeben,
erhält dein Leben durch mich die reflektierte Liebe als Segen.
Ganz sanft komme ich zu dir – wenn du Hilfe brauchst, sag es mir.
Wenn du mich um Klarheit bittest, habe ich die Chance,
zu agieren,
dann kannst du mit mir gemeinsam den Sinn deines Lebens
kapieren."

Kamille
*(Entspannung, Loslassen, Freude, Verbindung, Schutz, Wissen
der Urmutter)*

„Eine Königin unter den Pflanzen bin ich,
mit wundervoll zarter und heilsamer Stimme spreche ich zu dir,
hörst du mich?
So viel Sanftheit kann nur verbinden,
damit die starren Mauern und Barrieren verschwinden.
Ich symbolisiere den Ruf der geliebten Mutter Erde,
auf dass wieder Einheit zwischen dir und ihr werde.
Freude, Liebe und Heiterkeit halte ich für dein Leben bereit.
Die Reinheit aus der göttlichen Werkstatt der Natur
hinterließ in mir eine erkennbare Spur.
Von dir zu waschen, was nicht in Reinheit ist,

vertreibe ich auch Kummer, Uneinigkeit und Zwist.
Ruhe im Pol des unendlichen Seins,
dorthin zu kommen lade ich dich ein.
Sei mit mir, dann bist du stets entspannt,
hülle ich dich in mein schützendes, sanftes Gewand."

Löwenzahn
(Sonne, Kraft, Ausdauer, Vision, Ausstrahlung, Gemeinschaft)

„Die Kraft der Sonne habe ich gepachtet,
habe sie stets bis in meine tiefste Zelle geachtet.
Denn ohne Sonne kein Leben,
genau von dieser unglaublichen Lebenskraft kann ich dir geben.
Ich räume die Widerstände aus dem Weg,
zeige dir, was alles geht.
Denn alles ist möglich, wenn du nur daran glaubst,
zweifelst du zu stark, hast du es dir selbst verbaut.
Du bist der Schöpfer deiner Welt, das zeige ich,
mit mir ist immer guter Rat und Rettung in Sicht.
Sonnenbrüder und Sonnenschwestern sind nie allein,
lade ich dich in die Herzensgemeinschaft mit ein.
Dunkle Energien schicke ich nach Hause,
die haben in meiner Anwesenheit Pause.
Alles durchdringe ich mit meines Seins Schein,
bitte ich die Liebe, den Großmut und die Güte herein –
um bei dir zu sein.
Benutze mich, um deine Visionen voranzutreiben,
damit sie nicht bloß in den Startlöchern bleiben.
Umsetzung ist meine primäre Kraft,
damit du als Schöpfer deine Realität erschaffst."

Lavendel

(Ruhe, Harmonie, Inspiration, Herbeirufen guter Geister, Herz-heilung, Göttin und Gott in Vereinigung, Vergebung, Emotionen reinigen)

„Ruhm und Ehre habe ich stets in meiner innersten Essenz getragen,
wird nur der Wissende einen Blick in meinen Seelengarten wagen.
Unscheinbar und mit der Sanftheit meines Seins
ziehe ich dich in deine innere Verbundenheit hinein.
Frieden ist die Grundlage von verbundenem Leben –
um Liebe walten zu lassen, lade ich dich ein, dir selbst zu vergeben.
Damit das Licht des Herzens aus jeder deiner Poren scheint,
auch wenn das Leben durch dich weint.
Auch Trauer, Wut, Schuld und die liebe Ungeduld
können ihre heilsamen Seiten haben,
kannst du sie erst mit Liebe und Akzeptanz in deinem Herzen tragen.
Deine Liebe ist so groß, sie kann alles umfassen,
braucht nichts auszuklammern, muss sich nicht beschränken lassen.
Ich weise dir den Weg – ist es jedoch deine Entscheidung, ob du ihn mit mir gemeinsam gehst.
Verbringe Zeiten auch mit dir allein, denn sie sind wichtig, um wirklich „EINsam" zu sein."

Mariengras („Sweetgras")

(Liebe, Zartheit, Heiligkeit, Einladen positiver Kräfte, Seelenheilung, Inneres Kind)

„So lieblich ist mein süßer Duft,
einfach ein wahrer Hochgenuss.
Zu Ehren der Götter diente schon seit jeher mein Rauch,
meine Schwingung spannt einen Seelen-heilenden Schutzraum
auf.
Dort ist alles willkommen,
denn die Schwere wird von dir genommen.
Wird die Leichtigkeit in dein Leben zurückgerückt,
dann ist das Innere Kind ganz entzückt.
Feiert und frohlockt durch das glänzende Geschenk,
wenn der Mensch auch mal spielt und nicht immer nur denkt.
Positiv bin ich in meinem ganzen Wesen,
als Magnet für gute Schwingung erlesen.
Ziehe ich das Gute an und schenke es dir bedingungslos,
lege ich dich einfach in meinen heilenden Schoß.
Vergiss und lass es einfach einmal sein,
was dich im Alltag immer wieder quält,
es erweckt oft schlimmen Schein,
erkenne, dass du es bist, der den Bewusstseinsfokus wählt.
Verbinde dich mit mir,
und du wirst Glück haben und glücklich sein, das sag ich dir."

Mistel

(Kosmische Weisheit, innere Alchemie, Auflösen von karmischen Mustern, Weltenlehrer, Reinheit, Geduld, Geborgenheit, Liebe, Traumaheilung, Seelenrückholung)

„Als goldener Segen falle ich vom Himmel herab.
Bin ich weder Pflanze, Baum noch Blatt.
Von anderswo bin ich gekommen,
hab eine lange Reise durch den Sternenhimmel genommen.
Viel gelernt und auch gesehen,
kannst du mit mir die kosmischen Gesetze verstehen.
Hoch oben sitze ich am Weltenbaum und überschaue den kindlichen Traum.
Helfe euch zu lernen, was es zu lernen gibt,
damit am Ende die Liebe über die Ängste siegt.
Hold bin ich euch, seid hold zu mir – ich führe dich bis ans Ende der Zeit, das verspreche ich dir.
Bis jede Seele den Weg ins Licht gegangen,
bin auch ich auf der Erde gefangen.
Ein Lichtfunke, aus dem du und ich entstanden,
war es auch ein gemeinsames Schicksal, an das wir uns banden.
Ich habe vom Trank der ewigen Weisheit getrunken,
koste mich, und du bist mit der Kraft deiner Ahnen und dem Wissen der Erde verbunden.
Steh still, spür die Erde – lauf weiter, weil das Leben für Stillstand viel zu schade wäre.
Dein Herz segne ich, mach es auf.
Bist du mit mir, nimmt die große Liebe ihren Lauf.
Einswerden kann nur jener, der sich über alles ergießt,
der auch vor scheinbarer Dunkelheit sein Herz nicht verschließt."

Myrrhe
(Heilige Weiblichkeit, Verständnis, Mitgefühl, Erdheilung, Liebe und Vergebung, Akzeptanz, Fülle)

„Die Perle der Erdenmutter bin ich,
so strahlt ihre Güte und Weisheit durch mich.
Gekommen, um Frieden zu bringen und zu verbinden,
damit Trennung, Angst, Hass und Wut verschwinden.
Führe ich Einsamkeit und Isolation zurück ins einheitliche Sein,
in meinem heiligen Rauch können diese Illusionen nicht gedeihen.
Denn tief unten in der Erde, wo ich wohn,
steht dein eigener göttlicher Thron.
Mit diesem verbinde ich dich – sieh, es ist Gott persönlich, der aus mir zu dir spricht.
Findest du auf jenem Thron dein rechtmäßiges Zuhause,
dort bekommst du vom schweren Leben eine Pause.
Aus der Ebene der inneren Meisterschaft gesehen,
kann das Leben auf der weitaus leichteren Schulter weitergehen.
Weißt du nicht weiter und wird dein Leben zur Last,
rufe mich, dann hast du einen weisen Schritt gemacht.
Bist du verwirrt, verirrt oder suchst einfach nur sicheren Halt,
glaube mir, in meinem Inneren sind diese Kräfte geballt.
Wie eine kostbare Träne der Göttin persönlich
bin ich in meinem Wesen versöhnlich.
Bringe Frieden in Beziehungen und Leben,
denn diese Gabe wurde mir als größte Stärke gegeben.
Lass meine heilenden und wohltuenden Wellen über deinen Körper und deine Seele fließen,
dann wird sich alsbald die Fülle des Lebens über dich ergießen."

Palo Santo

*(Reinigung, Weihe, Zeremonie, Heilung, Konzentration, Innen-
schau, Loslassen, Kraft, Selbsterkenntnis)*

„Hoch in den Bergen wie tief im Tal bin ich den Göttern ein köst-
liches Mahl.
So sehr haben sich auch die Menschen nach meiner gottgege-
benen Kraft verzehrt,
haben mich seit Urzeiten als heilige Pflanze verehrt.
Die Kraft der Heilung und positive Geister erweckst du durch
meinen Ruf,
führe ich dich zur Erkenntnis der Liebe, die alles hier schuf.
Gebe dir Klarheit, Grenze und den Lebenssinn,
weil ich in der Essenz ein sehr klarer Erdenlehrer bin.
Bodenständig und doch die Verbindung zu himmlischen Sphären,
kannst du mit meinem Rauch die ganze Schöpfung verehren.
Vergib dir, lass los die alten Gewohnheiten der Last,
mein lieblicher Rauch erinnert dich daran, dass du dein Leben
selbst in der Hand hast.
Nimm alle Verantwortung zu dir zurück,
so kannst du wachsen, Stück für Stück.
In deine eigene gottgewollte Größe hinein,
mit mir als Begleiter können wir ein Gewinnerteam sein.
Stärke deine Visionen, die schon seit deiner Entstehung in dir
wohnen.
Bringe Licht in die innere Dunkelheit,
vereine wieder, was die Trennung entzweit.
Ich reinige und heile jeden Ort,
trage negative Schwingung mit meinen heiligen Schwingen hinfort."

Patschuli
(Liebe, Akzeptanz, Mut, Grenzen setzen und loslassen)

„Oft wurde ich als Götterpflanze verehrt,
weil mit mir Liebe in dein Leben kehrt.
Ich schließe die Wunden, die einst von Trauer gegraben,
lass dich hochleben, lebe deine Gaben.
Als Menschenkind bist du weit gereist, hast vieles erlebt,
bevor du wurdest in den Weltengeist gespeist.
Erinnere dich, ich nehme deine Hand,
zeige dir gefühlte Welten jenseits vom Verstand.
Denn den Platz, wo die Liebe wohnt, kannst du mit Gedanken
nicht erfassen,
wirst ihn bloß umkreisen, und am Ende wird dich die Kraft verlassen.
Denn der Liebe Sinn findet sich im Seinsbeginn.
Dort, wo Worte zu Taten werden und Taten in hingebungsvoller
Güte kreisen – dort ist die Heimat der wahrhaft Weisen.
Alte Weisheit über die Elemente bringe ich zu dir,
du bist ein Meister – glaube es mir.
Ich helfe dir, Vertrauen in dich selbst zu schaffen,
lerne dich anzunehmen und deinen eigenen Raum zu fassen.
Wenn du mit dir bist, ist alles gut –
hier findest du Liebe, Zuversicht und jede Menge Mut.
Um deinen Weg zu gehen
und die Tests des Lebens zu bestehen."

Rose

(Liebe, Vernunft, Heilung, Herz, Sanftheit, Schönheit, Fallenlassen, Einheit, Segnen)

„Die Königin der Herzen bin ich,
ist es die reinste Form der Liebe, die aus mir zu dir spricht.
Gelobt und gesegnet seien das heilige Land und jedes Menschenkind,
ist es die mir innewohnende Liebe, die mich mit allsegnenden Kräften beschwingt.
Denke gut, so wird das Positive zu dir finden,
fühle hinein, dann werden Trauer, Last und Zweifel schwinden.
Bist du in Einheit mit deinem Herzen vereint,
erkennst du die wirkliche Welt hinter dem Schein.
All das Gold und Silber der materiellen Welt
sind nichts mehr wert, werden sie der Kraft der ewigen Liebe entgegengestellt.
Die inneren Werte erwecke ich –
sie zu erschließen bezeugt in dir schier unglaubliche Weiten,
von denen aus kannst du dein neues Leben bereiten.
Gefüllt mit der Vision zum Wohl aller Wesen,
helfe ich dir, auf Herzensebene wieder vollständig zu genesen.
Führe dich auf die essentiellen Ebenen des Seins zurück,
denn glaube mir, dort liegt dein wahres Glück.
Frohen Mutes bin ich, sehe alles in der Leichtigkeit Schein,
so lade ich dich mit in diese Sphären ein, um bei mir zu sein.
Streichle dir sanft über Kopf, Körper und dein Wesen,
lehre dich, wieder intuitiv aus den Zeichen der Zeit zu lesen."

Rosmarin
(Erneuerung, Ahnenkraft/Kraft, Solidarität, Erwecken der Sinne,
Reinigung, universelles Wissen, Dankbarkeit)

„Ich ranke mich der kosmischen Kraft entgegen,
die ich in mir speichere, um sie wieder liebevoll abzugeben.
Erneuerung ist mein Motto, diesem bleibe ich treu.
Auch wenn die Winde der Veränderung toben,
erfinde ich dich in jedem Augenblick ganz neu.
So wirst du die Kraft der Intelligenz des Augenblicks loben,
denn alles steht für dich bereit,
lässt du hinter dir Zweifel und Unklarheit.
Nehme ich dich stark an die Hand,
führe dich in deiner Ahnen Land.
Zeige dir die Quellen deiner Kraft,
verbindend mit dem Wurzelsaft.
Hast du wieder einmal zu viel gemacht, setzt dich hin zu mir –
ich nehme deine Last.
Erkenne die Ruhe als Brunnen der Kraft,
mit ihr an der Seite hat noch jeder Weise seinen Weg bis zur
Vollendung geschafft.
Sei die Ruhe vor dem Sturm, werde zum Auge im Orkan,
fege hinweg die Begrenzung, schwöre ab dem Bewegungswahn.
Denn wer stillsteht, wird sich seines Platzes gewahr,
ruht in sich, statt dass er rennt, öffnet sich für den Augenblick –
wie wunderbar.
Ich reinige deine Sicht und bringe dich mit dem Wesentlichen
in dir zusammen,
so kannst du deinen Weg in Klarheit gehen
und das Leben mit deiner kraftvollen Liebe umspannen."

Salbei

(Reinigung, Segnen, Fallen von Masken, Verbindung zur Erde, Initiation, Freude, Harmonie und Herzlichkeit, Weisheit, Gemeinschaft, Anderswelt, Ahnen)

„Im Garten und in der Geisterwelt bin ich ein gern gesehener Gast,
verstehe mich blendend mit allen Wesen, denn ich nehme Schwere und Last.
Vor Lebenskraft strotzend, trage ich viel altes Wissen in mir,
mache aus dem Einzeldasein ein gemeinsames Wir.
Bringe Frieden und Freude in die Gemeinschaft hinein,
so sollten alle Vereine, Gruppen und Freundschaften unter meiner Fahne sein.
Altes Wissen wird neu geboren, gehst du über mich mit der Erde in Kontakt,
öffne deine Herzensohren – trinke dich am Met des Wissens satt.
Wir sind kraftvoll, wir Salbeischwestern und -brüder,
bringe dich auch auf die andere Seite hinüber.
Zum Reisen in den Welten und den Übergang
nutzen uns die alten Kulturen schon lang.
Verbinde dich mit deinen Ahnen,
den Wurzeln, die dir den Weg in die eigenen Kräfte bahnen.
Salbeirauch bringt Verbundenheit und Frieden –
das wird bei uns immer groß geschrieben.
Die Schätze der Erde kannst du durch mich in dir finden,
durch unseren Kontakt wird dein Vertrauen wachsen, und die Zweifel werden verschwinden.
Sieh den gesegneten Raum, den ich dir gebe,
das Netz der Heilung, das ich mit dir gemeinsam webe."

Sandelholz
(Meditation, Erholung/Ruhe, Klarsicht, Einheit, Sensibilität, Sexualität)

„Sinnlich bin ich, bringe alles zum ureigenen Kern zurück,
habe ich schon viele Meister zu ihrem inneren Ursprung geschickt.
Verbinde alles im Herzen des Seins, so strömt durch mich unendlicher Frieden ein.
Tiefes Atmen findest du in meiner Gegenwart,
habe ich seit Urzeiten die Menschen mit der Liebe gepaart.
Ich gebe Verschmelzung, im feinstofflichen wie auch im körperlichen Sinn,
da ich eine Substanz der ekstatischen Vereinigung bin.
Löse die Grenzen auf – so nehmen die Dinge wieder ihren natürlichen Lebenslauf.
Als Ratgeber bin ich wohl bekannt,
habe ich schon viele Lösungen beim Namen genannt.
Wie ein sanfter Wind aus dem Atem der Erde
wehe ich, damit hier globaler Frieden werde.
Bin ich die leise Stimme, die stetig zu dir spricht:
„Du bist alles, vergiss das nicht."
Sanftmut und ein Bärenherz
kommen durch mich in dein Leben, so löst sich der Schmerz.
Liebe nimmt Platz, wo das Leiden verschwindet,
Heilung passiert, wo sich der Sandelholzgeist einfindet.
In Gedanken an die Liebe, die du manchmal vermisst,
bin ich alle Zeit für dich da, zeige dir, wie reich du in Wahrheit schon bist."

Schafgarbe
(Verarbeiten von Emotionen, Intuition, Gefühl, Kontakt zur Geistigen Welt, Entschlackung, Frieden und Wohlfühlen, Traumaheilung)

„In meiner Welt wird Entscheidung mit Zartheit gefällt.
Nehme ich mir Zeit für die wichtigen Dinge im Leben,
so kann ich dir Geduld und konstante Empfindungen geben.
Auf ganz weibliche Art und Weise
versprühe ich Schönheit und ziehe dadurch meine heilsamen Kreise.
Viel altes Wissen trage ich in mir,
deinen Herzensweg besser zu verstehen helfe ich dir.
Reinheit ist mein Gebot,
erinnere dich an mich in Zeiten von Kummer und Not.
Die Welt der Gefühle bringe ich ins Gleichgewicht,
ist es die liebevolle Kriegerin, die aus meinem Leben zu dir spricht.
Meine Kraft, so zart wie das Wasser und brausend wie ein Wasserfall,
schlägt in allen Welten einen mächtigen Hall.
Ich vereine den Kosmos und die Geistige Welt,
bin das Sprachrohr zwischen der Erde und dem Himmelszelt.
Gut aufgehoben bist du in meiner heiligen Gegenwart,
mit mir an deiner Seite bleibt dir jede Menge Trauer und Hilflosigkeit erspart.
Lebe mein Leben jeden Tag aufs Neue,
schwöre dir im Herzen meine ewige Treue.“

Tabak
(Schutz, Kraft, Erdung, Weisheit, Reinigung, Manifestation, Begrenzungen aufbrechen)

„Die Kraft der Götter im Menschen speise ich,
auf dass du deine Begrenzungen brichst.
Manifestation ohne Limitation schenke ich dir,
denn alles ist möglich, was dein Geist für möglich hält.
Die Kraft deiner Vorstellung ist es, die Realität gebiert,
sende deine innersten Wünsche durch mich hinaus in die Welt.
Eine der ältesten Pflanzen bin ich auf diesem Planeten,
helfe ich dir, den Garten deiner Seele zu jäten.
Wuolakayuma heiße ich, was soviel bedeutet wie:
„Das Kraut, das aus der Weisheit spricht.“
Die Alten haben mich geraucht,
sie wussten, damit geht der Himmel für die Menschen auf.
Brachte ich stets Schutz über euer Volk,
mit meinem Rauch sind euch die guten Geister hold.
Doch rauche stets in Andacht, nicht in Eile,
dann bleibe ich als Ratgeber bei dir eine Weile.
Helfe dir, Antworten auf Fragen zu finden,
bring dich der Erde näher,
helfe, Schmerzen zu lindern,
Heilung kann durch mich geschehen.
Rufe und spüre meinen Schutzgeist, dann wirst du verstehen.
Aus deinem Herzen werfe ich die bösen Geister raus,
doch warne ich dich vor meiner Macht Missbrauch.
Denn gute Geister rufe nur dann,
wenn ihre Hilfe wirklich Nutzen schaffen kann.
Ich bin dir so ein guter Freund, als Kraftpflanze am besten stets
zugegen.

Benutze mich zum Reinigen, als Gabe oder um zu segnen.
Erlöse ich dich von negativen Phantasien, die nur im Schatten
des Unbewussten entstehen. Bin ich dir Licht und Leuchter zugleich, zu lösen die Verstrickungen im Schattenreich.
Ich liebe dich, mein Herz strömt zu dir,
gebe ich dir die Fülle, zögere nicht, sondern nimm sie dir."

Taubnessel
(Weibliche Schöpferkraft, Heilung, Sanftheit, Wissen um Heil-
pflanzen)

„Die Mutter aller Pflanzen werde ich liebevoll genannt.
Komme ich zur dir, hast du ein großes Geschenk in deiner Hand.
Die Sanftheit, die aus mir entweicht,
macht dein Leben wieder leicht.
Wo das Leben ist im Kampf,
komme ich und bringe den Frieden sanft.
Zartheit, Mitgefühl und Liebe haben in mir ihre höchste Form
erreicht.
Als Kraftpflanze helfe ich, dass dem Menschen der böse Geist
wieder entweicht.
Geschürt durch schlechte Rede, Gefühle und Sinn
nehme ich die Last von dir, gib sie mir einfach hin.
In engem Kontakt stehe ich mit den Wesen der Natur,
der heiligen Schwesternschaft, der Feier des Lebens –
gemeinsam tanzen und singen wir nur.
Um die Schöpfung zu ehren, das Schöne darin zu sehen,
die Liebe, die Menschen und Situationen zu verstehen.
Denn alles folgt einem göttlichen Plan,
sich dagegen aufzulehnen erzeugt Krankheit und inneren Wahn.

Lass fallen, was nicht von dir ist.
Gib auf deine Gedanken, Gefühle und Handlungen acht,
denn sie bestimmen, wer du bist.
Ich trage dich ins Reich des Wissens, zur Göttin der Erde.
Erhöre den Ruf, damit alles in dir wieder zu Einklang werde."

Thymian
(Erneuerung/Wandel, Herzheilung, Sensitivität, Aufrichtung,
Segnen, Sammeln und Einkehr, Schutz)

„Das Herz steht im Zentrum meiner Inkarnation,
bin ich ein Hüter von Gottes allmächtigem Thron.
Aus der Ewigkeit ins Erdenleben gebracht,
hab ich schon so manches Heilungswunder geschafft.
Toleranz ist mir in meiner Größe gegeben,
in meinem Herzen hat alles Platz, so wird das Leben zum Segen.
Treue schwöre ich meinem Seelenweg,
auch wenn ich ihn manchmal im Allein(s)-Sein geh.
Ich danke der Erde, ich danke dem Himmel,
danke dem Hasen, dem Hund und der Primel.
Sie alle haben ermöglicht, dass ich heute hier bin,
jeder Ausdruck des Lebens ergibt meinen eigenen Lebenssinn.
So kann ich dir die Zusammenhänge zeigen,
um tiefer zu schauen und nicht an der Oberfläche
stecken zu bleiben.
Sensitiv mache ich dich, wenn du Schutz brauchst – rufe mich.
Ich habe dich jetzt schon in mein Herz geschlossen,
dort gebe ich dir Haus und Heim.
Dort wird auf ewig weiser Rat beschlossen,
so kannst du mit dir ganz im Reinen sein.

Edel, großmütig und fair, so würde ich mich selbst beschreiben.
Hast du mich als Freund und Helfer,
kannst du auf der sonnige Seite des Lebens verbleiben."

Vogelmiere
(Lebenslust, Fruchtbarkeit, Transzendenz, Reinheit, Eins-Sein, Vertrauen, Sein)

„Unter den Kleinen bin ich ganz schön groß,
hüte der Erde heiligen Schoß.
Wurde erkoren, um das Leben zu schützen,
dich zu begleiten und zu unterstützen.
Hilfe biete ich für jede Frau und jeden Mann,
weil ich wahrlich klärend und beschwingend wirken kann.
Einblicke und Klarheit, Wachheit und Mut,
all das erschaffe ich, tue damit den Menschen- und Tierwesen gut.
Reinheit ist mir in die Wiege gelegt,
so habe ich schon viele üble Gedanken und Gefühle beiseitegefegt.
Beim inneren Aufräumen bin ich dir ein guter Begleiter,
so wird der Weg in die Klarheit fröhlich und heiter.
Denn in mir wohnt die Kraft, alles zu transformieren,
dich bis in die höchsten Gefilde deines Selbst zu transzendieren.
Lass alles Alte hinter dir, ich gebe dir neuen Boden zum Stehen,
gib dich hin und vertraue mir, dann werden schwere Gedanken verwehen.
Eins-Sein ist die Kraft, die ich bereithalte zu geben,
also nutze mich weise auf deinen innersten Lebenswegen."

Wegerich
(Heilung, Kraft, Beständigkeit, Ausdauer, Weisheit, innere Apotheke)

„Weise bin ich, eine sehr altes Geschöpf dieser Erde,
von meinen Gaben ganz zu schweigen.
Tritt ein, damit das Leben in seinen Facetten heiler werde,
kann dir viel geheimes Wissen zeigen.
In meiner Blattstruktur verborgen, durch mein Aussehen in Form gebracht,
durchdringe ich die Schöpfung mit meiner alles verbindenden Macht.
Heilung bringe ich mit Geschick,
so bleibt dort, wo Dunkelheit war, nur noch Liebe zurück.
Verwandt mit allen Tieren, Steinen und Pflanzen –
als Teil des großen einen Ganzen.
Bin ich mir der Tatsache stets gewahr –
das Leben hier ist WUNDERbar.
Bist du in trüber Laune oder plagen dich düstere Gedanken,
lade mich in, ich weise sie in die Schranken.
Nehme von dir, was die Illusion der Trennung nährt,
ist es meine Kraft, die Denk- und Emotionsmuster klärt.
Sicher von den Wellen des Lebens ist jener, der nah am Boden bleibt,
er hat sich die Liebe zur Erde und ihre Kraft nämlich gänzlich einverleibt.
Dabei helfe ich dir, bringe dich damit auf eine heilsame Spur.
Direkt und aus der Präsenz des Augenblicks sprechen kannst du durch mich,
bin ich jemand, der die Mauern der Konditionierung und Sozialisierung bricht.

Damit das geschieht, was für den authentischen Moment passend ist und du deine Bedürfnisse und Werte nicht vergisst.
Erinnere dich, welch wundervoller Begleiter ich bin,
gebe ich deinem Leben einen tieferen Sinn."

Weihrauch
(Segnen, Reinigen, Verbindung zum Göttlichen, Klären von Räumen und Gedanken, Klarheit, Manifestation)

„Von allen bösen Geistern verlassen,
sie können meine Lichterflut nicht fassen.
Kontakt zum Höchsten und zum Hohen Selbst
kommt durch mich in die Menschenwelt.
Meine absolute Strahlungskraft hat noch jeden Wunsch zur
Manifestation gebracht.
Wie eine Träne der Götter, so kostbar bin ich,
erkennst du das erst, dann behütest du mich.
Räuchere mich zu Feiern, zum Klären und als Opfergabe,
weil ich eine besonders hohe und heilsame Schwingung in mir
trage.
Ich weihe jeden Gegenstand,
im Namen der Heilung wird die eigene Größe erkannt,
bin ich mit vielen heiligen Harzen und Pflanzen verwandt.
Aus einer Familie stammen wir,
als hoch inkarnierte Erdenwesen sind wir hier und dienen dir.
Heilung durch des Lichtes Kraft
wird durch meine Präsenz in Körper und Geist geschafft.
Schon die hohen Weisen in alten Zeiten
wussten um die Künste, meine Kraft zu nutzen und
aufzubereiten.

So gebe ich auch dir das Geschenk von altem Wissen,
auf dass dich die Musen in meiner Gegenwart küssen.
Ich bringe die höchsten göttlichen Kräfte in dein Leben
und segne jeden Ort zu jeder Zeit,
so wirst du aus der Fülle schöpfen und geben,
mach dich für deine Gotteskraft bereit."

Zimt

*(Segnen, Magie, Fülle, Freude, Herzheilung, Reinheit, Heilung,
Loslassen von Trauer)*

„Ein wahrhaftes Zauberwesen bin ich,
so ist in meiner Gemeinschaft immer Positives in Sicht.
Erschaffen, um den Menschen Freude und Heilung zu geben,
entsteht durch mich ein ganz besonderer Segen.
Ich verbinde dein Herz mit der Welt,
jener Platz, der alle Schatten erhellt.
Dort, wo Frieden entsteht, egal, was im Außen passiert,
wo sich jeden Moment die Schönheit aufs Neue gebiert.
So helfe ich auch, Altes loszulassen,
denn wie willst du sonst die Fülle des Moments erfassen?
Ich bin heilsam, weil ich in tiefem Einklang mit dem Kosmos und
der Erde bin,
kein Gedanke der Trennung kommt mir jemals in den Sinn.
Sehe die Zusammenhänge und Lernaufgaben,
so musst du nicht falschen Götzenbildern nachjagen.
Nur im Rahmen der Unwissenheit kann Illusion entstehen,
an meiner Seite können diese Unklarheiten nicht weiter
bestehen.
Ich führe dich zurück ins heilige Land,

hole dich zurück aus dem Verstand
ins Herz hinein, dort wo dein innerster Thron sich befindet,
wo die Unwissenheit von selbst schwindet."

Kraftbäume

Ahorn
(Liebe, Allwissen, Fruchtbarkeit, Segnung, Vertrauen, Herzöffnung)

„Die Krone der Schöpfung trage ich in mir,
das Herz zu öffnen vermag ich dir.
Fülle und Reichtum schwingen durch mich in das Leben ein,
Fruchtbarkeit soll dir auf allen Ebenen gegeben sein.
Denn für nichts Geringeres bist du geschaffen,
legst du erst zur Seite deine Ängste und dich verteidigenden Waffen.
So schenke ich dir Vertrauen ins Leben selbst,
es gebiert sich durch mich in die Welt.
Gerne nehme ich dich an die Hand,
zeige dir des Wissens nahes und fernes Land.
Auf dass dich durchdringt des Lebens Atem ganz und gar,
spürst du erst dieses Wunder,
wird jeder Moment ganz wunderbar.
In der Tiefe deines Selbst liegt der Schlüssel zur Freiheit begraben,
kannst du die Fülle aller Emotion gänzlich in dir tragen.
Erkenne: Du bist alles, und alles ist in dir,
bin ich der Baum, der dich in diese Erkenntnis führt."

Apfelbaum
(Hingabe, Sanftheit, Heilung, Reaktivierung der Einheit, Kraft, Inneres Kind)

„Sanftmut schwingt durch mein ganzes Wesen zu dir,
die Menschenherzen zu heilen bin ich gekommen, glaube mir.
So zeige ich dir, nicht in roher Gewalt liegt die größte Kraft,
war es schon immer die Sanftheit der Liebe, die alles erschafft.
Verbindest du dich mit mir, heilt dein Inneres Kind,
nehme ich die Leiden hinfort, bring Erleichterung geschwind.
Kreisen die Gedanken erst in ruhigeren Sphären,
verschwinden Probleme fast wie von selbst.
Gehen verloren, um nicht wiederzukehren,
trittst du ein in den Frieden der Welt.
Ruhe bringe ich, den Ausgleich der Welten,
der zwischen innen und außen besteht.
Zeige dir eine Ebene, wo alle Dinge dasselbe gelten,
dann wirst du nicht so stark von der Richtung des Windes verweht.
Erblicke, dass alles, was geschieht, Teil der Einheit ist,
was sonst könnte Einheit sein als Alles-was-ist?
Finde den Sitz im Thron des heiligen Herzens,
dann findest du Frieden, trotz der scheinbaren Schmerzen."

Birke
(Licht, Erneuerung, weiße Göttin, Inneres Kind, emotionale Klärung)

„Die Reinheit und Weisheit der göttlichen Mutter finden in mir ihr Heim.

Bist du mit meinem Wesen verbunden, wirst du nicht mehr alleine sein.
So zeige ich dir deine innere Verbundenheit,
die dich aus der Last der scheinbaren Einsamkeit befreit.
Aller Anfang ist manchmal schwer, doch mit mir an deiner Seite bist du auch dafür bereit,
habe ich schon so viele vor dir von Zweifeln und Ängsten befreit.
Spüre den Tanz, der in dir lebt, durch mich wird er zum Leben erweckt.
Wird dein Leben zur Last, hast du den Tanz in dir versteckt.
Lebendigkeit und Jugend hauche ich deinen Träumen ein,
so kannst du wieder wahrhaft ekstatisch sein.
Freude, Lachen und Frohlocken, das alles kann entstehen,
wenn wir beide den Weg gemeinsam gehen.
Erlöse dich von alten Mustern des Müssens und Sollens,
aber pass auf, in meiner Gegenwart ist schon so mancher Zwang verschollen.
Denn Freiheit ist ein Kind der Liebe, nur sie alleine trage ich zu dir,
den Blick zum Schönen zu wenden, dafür bin ich wahrlich hier.
Sorgen und Ängste entstehen aus mangelndem Vertrauen an die universelle Kraft des Lebens,
bist du im Kreis der Birkengöttin, wird der Alltag zum Segen."

Birnbaum
(Harmonie, Schönheit, Weiblichkeit, Genuss, Träumen, Ruhe/ Loslassen)

„Ein Juwel der Stille bin ich, bringe dich auf das Wesentliche zurück,
es geht immer voran, doch gehe gemütlich Schritt für Schritt.

Bist du zu weit in der Zukunft gefangen, wirst du um den Augenblick bangen.

Bist du zu weit in der Vergangenheit Sinn, ist die Leichtigkeit des Seins dahin.

So bringe ich dich ins JETZT, in jenen heiligen Augenblick,
denn ich schrecke vor der Fülle des Lebens keinen Millimeter zurück.

Lehre dich Frieden zu machen mit allem, was kommt,
so setzt eine tiefe „Ent"spannung ein,
darf alles, was sich zeigen möchte, willkommen sein.

Gute Gedanken und froher Sinn - sind in meiner Gesellschaft die dunklen Gedanken dahin.

Sie ertragen diese Ruhe kaum, denn in ihr kann nur Gutes entstehen.

Bist du „negativ" geladen, solltest du ein wenig langsamer gehen.

Denn in der Stille des Seins ist aller Frieden zu Hause,
bist du in Eile, mach eine ausgiebige Pause.

Dazu lade ich dich ein,
tauchen wir gemeinsam in den wohligen Frieden ein."

Buche
(Klarheit, Erneuerung, Weisheit, Weitblick, All-Eins-Sein)

„Aus der Klarheit bin ich geschaffen, Klarheit, die alles durchblickt.

Sonne, Mond und Sterne, sogar das Menschsein miteinander verstrickt.

In den Tiefen der Zeit war ich stets bereit, zu wahren der weisen Alten Lehren,

bis zu jenen Tagen, an denen die Menschen mit reinem Herzen,
das Wissen zu erwecken, wiederkehren.

Im Gewahrsein der Totalität, der Einheit, die sich selbst zu erfahren rät,

töne ich in die All-Zeit hinein, ohne Bedenken.

Mit meiner Ordnung kannst du Krankheit
als Ausdruck von Unordnung wieder die Heilung schenken.

Ich liebe dich, Bruder, Schwester, Sohn, erhebe dich auf den göttlichen Thron.

Denn nur wer in der Ordnung lebt,
mit am Faden des freudigen göttlichen Schicksals webt.

Die Karten werden neu gemischt – Wahrheit erfreut die Stimme der Menschen.

Frohlocke dein Herz, Erneuerung und unzählige Weisheit kann ich dir schenken.

Der planetare Geist kommt durch mich in die Welt, verschmilzt mit der Erde,

zeigt auf, dass Himmel Erde ist und wieder zu Himmel werde.

Ein Kommen und Gehen, ein Stehen und Kreisen,
die Balance in dir zu finden auf ganz besondere Weisen.

Horche und erkenne, sei still wie der Wind,
treibt die Seele dem Aufstieg entgegen wie das unschuldige Kind."

Eberesche

*(Verbundenheit/Verbindlichkeit, Klarheit, Seelenreisen, Glück/
Zufriedenheit, Alchemie)*

„In der Tiefe deines Herzens kannst du die wahre Liebe spüren,
sie wird dich durch meine stille Gegenwart berühren.

Was du suchst, kannst du mit meiner Hilfe finden,
übergibst du dich der größeren Weisheit, so werden deine Fragen verschwinden.
Vertrauen schafft Platz, in dem sich die Fülle ergießt,
in dem jeder Samen von Freude und Glücklichsein sprießt.
Scheinbar Unvereinbares bringe ich zusammen,
entspringen aus meinem Inneren leuchtende Seelenflammen.
Sie verbinden dich mit deiner Quelle,
erhören deiner Seele Ruf,
breiten sich aus wie eine mächtige Welle,
geben dir Kontakt zu jenem, der dieses Leben schuf.
Zerstreutheit kann durch mich in die Klarheit finden,
was getrennt wurde, kann ich auf heilsame Weise wieder verbinden.
Abhängigkeiten setze ich ein Ende,
bringe somit der Freiheit ihre Wende.
Gold schaffe ich aus rohem Metall,
denn Alchemie wohnt in mir und meiner leisen Stimme Hall.
Dunkle Emotionen wie Blei so schwer, bringe ich in die Leichtigkeit, durch meine Liebe kannst du dein Leben neu gestalten,
also mache dich dafür bereit."

Eibe

(Wandlung, tiefstes Erdwissen, Schoß der Erdmutter, Essenz des Seins, Macht, Aufgabe von Kontrolle, Ahnen)

„Aus dem Urkorn der Weisheit wurde ich geschaffen,
ist es mein Auge, das alles erblickt.
Um dir auf den rechten Weg zu helfen,
dafür wurde ich geschickt.

Kommt auch manchmal Angst in dein Wesen,
glaube mir, auch sie wurde aus der Quelle der Schöpfung erlesen.
Blicke in die tiefsten Schluchten deiner Seele,
dort wirst du Licht erblicken – es lag immer schon für dich bereit.
Ich gebe dir die Freiheit, zu schauen oder auch nicht, also wähle,
denn nur wer sich seiner selbst gewahr ist, ist wirklich befreit.
Im Schoß der Mutter verbinde ich dich mit der Ahnenkraft,
sie ist es, die das Leben selbst erschafft.
Auch dort wirst du der „Dunkelheit" in dir begegnen, doch
wisse, wo die Angst liegt, liegt der größte Segen.
Sie ist der Schlüssel zum Leben selbst,
zur Einheit des Seins, zum Verständnis der Welt.
Erst wenn du die Angst hinter dir gelassen,
erkennst du, dass schon immer voll waren die Tassen.
Gefüllt bis zur obersten Kante mit Liebe und Leben,
komm mit zu mir, ich zeige dir diesen Segen.
Führe dich an die Quelle und zu deinem unsterblichen Wesen,
dort werden alle deine Wesenszüge erlesen."

Eiche
(Meisterschaft, Stärke, Durchhaltevermögen, altes Wissen, Heilung)

„Ein Baum der Kraft bin ich stets gewesen,
zum Entdecken der eigenen Stärke und Potenziale erlesen.
Nutze das Wissen, das ich in mir trage,
Wissen bringt Klarheit, dann vergeht alles vage.
Bin ich so etwas wie der Lehrer unter den Pflanzen,
ein Wächter der Ordnung und Beschützer des Ganzen.
Jene, die Rat brauchen, finden den Weg zu mir, egal, ob Mensch,

Pflanze, Baum oder Tier.
Als erster Baum der Lehre wurde ich geschaffen,
gefüllt mit dem alten Wissen der Macht.
Erwecke dieses Wissen in dir,
somit ist Licht in die Dunkelheit geschafft.
Lichtbringer erwache – nimm den Stab der Kraft in die Hand,
dann herrschst du bewusst auf Meer und auf Land.
Meister der Elemente, lerne aus der Ganzheit in dir,
alles zu erfahren, dazu bist du wirklich hier.
Ich gebe dir die Kraft, in den Wellen des Lebens zu stehen,
so kann jegliche Opferhaltung allmählich vergehen.
Bringe dir die Kraft und deine Verantwortung zurück,
denn darin spielt die wahre Musik.
Gehe die Fußstapfen, die ich dir als Weg geschenkt,
ist es nur der zweifelnde Geist, der zu viel denkt.
In dir verankern kann ich dich, ich bin im Herzen immer bei dir,
also verzage nicht.
Suche mich in Zeiten der Not, so, wie der Hungrige sucht Brot.
Rufst du mich in Momenten der Last,
wirst du sofort von meiner Kraft erfasst."

Erle
(Scharfsinn, Klarheit, Tugend, Stabilität, Freude, Gefühl)

„Sanftmut, Frohsinn und Tugend sind meine Errungenschaften
des Seins,
lade ich dich in diese heilige Runde mit ein.
Am Wasser stehe ich gerne, es ist mir Haus und Heim,
mit den Wassergeistern habe ich ein sehr inniges Zusammensein.

Die Welt der Gefühle bringe ich ins Gleichgewicht,
schwinge sie in der eigenen Mitte ein,
so kannst du mit meiner Hilfe mit dir in Einklang sein.
Zart komme ich, wie ein sanfter Wind, der weht,
ist es aber auch die Klarheit, die in meinem Dienste steht.
Wie der universelle Klang des Seins strömt über mich Ruhe in
deinen Körper ein.
Die Tore des Gewahrseins sind offen für dich,
versuche es einfach – rufe mich!
Zu aller Zeit bin ich bereit, zu Diensten, wo sich der Mensch von
seinen Gefühlen entzweit."

Esche
(Allwissen, Wandlung, kosmische Ordnung, Weltenbaum/-leh-rer, Gott, Verbindung, Rückholen von Seelenanteilen)

„Einst kam vom Schöpfer der kosmische Kuss, aus dem sich alles
gebar,
stelle ich die Achse zwischen den Welten dar.
In ihnen reisen kannst du, finde in mir den Schlüssel der Zeit,
dann bist du für deine innere Meisterschaft bereit.
Die Kunst liegt in der Verbindung von allem, das ist der Lebens-sinn, in ihr trifft sich alles, erkenne die Weisheit darin.
Ich gebe gerne – gebe ich auch mein letztes Blatt,
damit alle Wesen in die Einheit gehen.
Du musst nicht nach Weisheit dürsten, trinke dich an mir satt,
in meiner Gegenwart kannst du die großen Lehren verstehen.
Bescheidenheit ist eine Tugend, ich vermittele sie dir,
denn wer wenig braucht, ist stärker verbunden mit dem Jetzt
und Hier.

In glorreiche Zeiten kannst du schreiten,
lässt dir die Wege von mir bereiten.
Siehst du den Ausweg nicht, rufe mich –
dann ist sehr bald Klarheit in Sicht.
Fällt es dir schwer, dich mit Mensch und Welt zu verbinden,
spüre meine Energie, und die Trennung wird schwinden.
Eins sind wir, denn ich bin du, und du bist ich,
in mir vereint sich alles, weil Gottes Stimme aus mir spricht."

Fichte
(Durchhaltevermögen/Geduld, Beständigkeit, Loslassen, Solidarität, Gemeinschaft, Vertrauen, Seelenfrieden)

„Meine Wipfel wehen im Wind,
freudiges, strahlendes, himmlisches Kind.
Aus reinster Muttererde wurde ich geschaffen,
im Namen des Friedens – leg nieder die Waffen!
Gebe ich dir unverrückbare Sicherheit,
Vertrauen in deine Kraft und Mut zur Bescheidenheit.
Denn ich bringe dich auf das Wesentliche zurück,
dem Herz von Mutter Erde näher mit jedem klaren Schritt.
Bist du unklar, rufe mich,
verwirrt dich das Leben, erhöre ich dich.
Kommt Anspannung geflogen,
hülle dich in meine entspannenden Wogen.
Ruhe durchdringt mich von der Wurzel bis hin zur Nadelspitze,
sie fließt in jede noch so kleinen Fichtenritze.
Du bist die Ruhe, sei dir gewiss,
dass sie Teil deiner wahren Bestimmung ist.
Spürst du sie nicht, bist du wieder am Rennen,

dann wird es Zeit, mich als deinen Führer zu erkennen.

In meinem Kreis bist du willkommen und ein gern gesehener Gast, nichts und niemand fällt mir jemals zur Last.

Ich trage und halte, hülle alles, was da ist, in meine Ruhe ein, so erlangt auch der tiefste Schmerz seinen ruhevollen Schein.

Wie ein alter weiser Gefährte zeige ich dir Beständigkeit, Geduld und andere wahrlich erlesene Werte.

Auf mich und mit mir kannst du bauen, führe ich dich in deiner Seele Wälder, Wiesen und Auen.

Dort, wo du Heilung und tiefe Glückseligkeit findest, auf dass du dich mit den Urquellen der dir innewohnenden Kraft verbindest."

Kastanie

(Positive Aggression, Zielsicherheit, Klarheit, Solidarität, Sensibilisierung, Kraft, Zentrierung, Auflösung von Wut)

„Urkraft bringe ich in die Welt, mächtig bin ich, doch ist es nicht die Macht, die zählt.

Meine eigene Größe gestehe ich mir ein, so kann ich ganz und gar ich selbst sein.

Denn im Leben kann es Momente geben, in denen du Kraft benötigst – dann bin ich der willkommene Segen.

Stark führe ich mit Gerechtigkeit und Norm, doch habe ich stets für die Anliegen aller offene Ohren.

Für die Allmacht stehe ich, dadurch habe ich große Verantwortung auf meinem Weg zu tragen, deshalb besiegen mich schwankende Befindlichkeiten nicht, bleibe souverän an allen Tagen.

Prüfen dich die Winde des Lebens, fülle dich mit meiner Kraft,
probierst du etwas schon lange vergebens, trinke den Nektar
aus meinem Saft.
Erfolg verheißt der Kontakt mit mir, in allen Lebenslagen –
das sage ich dir.
Plagt dich die Wut, kann ich dir den Frieden bringen,
so kannst du dich wieder auf den Ruf deines Inneren besinnen.
Ich stärke dir den Rücken auf deinen Wegen,
schenke dir Vertrauen in dich und des Lebens Segen."

Kiefer

*(Beständigkeit, Feuer, Geduld, Freiheit, Ankommen, Vergebung,
Durchhaltevermögen, Kommunikation)*

„Ich bin bescheiden, deshalb dränge ich mich niemandem auf,
weiß, das Große Ganze bestimmt den Weltenlauf.
Warten und genießen ist meine Devise,
in diesem Gewahrsein stehe ich auf Wald, Berg und Wiese.
Zusammensein, das ist für mich besonders fein,
auch wenn ich gerne alleine mit mir bin,
steht mir die Individualität in der Gruppe besonders im Sinn.
Ein zarter Hauch von Kieferduft
entspannt des Menschen Gemüt und befreit die Luft.
Vergeben kann ich, mein Herz ist groß,
ziehe die Liebe aus Mutter Erdes Schoß.
Alles, was einen Anfang hat, hat auch ein Ende,
bringe der Vergänglichkeit die Zeitenwende.
Helfe dir zu erkennen, was immer und ewig besteht,
damit dich keine Lebensströmung verweht.
Ankere dich tief in deinem Herzen,

tröste Kummer und tiefe Seelenschmerzen.
Als Ruhepol diene ich, so lade ich dich ein,
bei mir in meiner heiligen Obhut zu sein."

Kirschbaum

*(Goldenes Herz, Süße des Lebens, Fülle, Mission auf der Erde,
Stärkung, Erfüllung der Sehnsucht)*

„Kaiserlich schmecke ich, so trage ich auch adeliges Blut,
bekomme jedem, der sich mit mir umgibt, einfach wunderbar
und gut.
In die Ausstrahlung meines Prunkes gehüllt,
habe ich schon so manches Herz mit freudigem Hochmut erfüllt.
Klar bin ich, kenne meinen Weg direkt und ohne Kompromiss,
helfe ich dir, deinen Weg zu finden, weil diese eine meiner leich-
testen Übungen ist.
Meiner selbst gewahr, mit der Erde verbunden,
heile ich jene Seelen, die vom Leben geschunden.
Umgebe dich mit Magie und sanfter Heilungskraft,
mit mir hat es schon mancher bis zur höchsten Erfüllung
geschafft.
Ich lade ein – so kommt herein,
dann wird euer Alltag ein gesegneter sein.
Aus der süßen Fülle kann ich schenken,
lehre ich dich, öfter mal wieder an dich selbst zu denken.
Denn geben kann nur derjenige wunderbar,
ist er sich des Überflusses seiner eigenen Kräfte gewahr.
Darin zu baden lade ich dich ein,
in meinem Garten können deine Früchte gedeihen.

Zeig dir deiner Seele heiligen Schein,
bitte dich an deinen innersten Schrein.
Dort, wo der Gott, die Göttin in dir thront,
hat dein Selbst schon seit Urzeit gewohnt.
Erinnere dich – sei weise und nutze mich."

Lärche
*(Liebe, Zartheit, Beständigkeit im Wandel der Zeit, Verbindung
zu Gott und der Geisterwelt, Klärung/Läuterung, Initiation)*

„Im Reich der Bäume habe ich einen einzigartigen Platz,
so hüte ich für dich einen ganz besonderen Schatz.
Die Ruhe, die du in dir spürst,
ist jene Verbindung, die deine gottgegebene Kraft aktiviert.
Ich bin dein Sprachrohr zur Quelle und zur Geistigen Welt,
bringe die Heilkraft von dort aus zu dir.
Habe alle Kanäle auf Liebe gestellt,
lade dich ein – komm doch zu mir.
Ich werde dir geben, was dein Herz begehrt,
haben mich schon deine Ahnen verehrt.
Als Baum, der den Himmel zur Erde bringt,
an dem jede kraftvolle Initiation beginnt.
Läutere dein Herz und übergib dich dem Großen Geist,
dann wird jene Stimme lauter, die dich in die Einheit zurück ver-
weist.
Ich öffne dich für jene Kräfte, die dir Gutes tun,
so kannst du in meiner Gegenwart entspannen und ruhen.
Dich aufladen mit der Fülle des Seins,
schließe die Augen, vertraue und tritt einfach ein.
Deine Verbindung zur Erde reinige ich,

ist es auch die liebende Mutter, die durch mich zu dir spricht.
Ich lade dich sehr herzlich ein,
in Gedanken und im Herzen bei mir zu sein."

Linde
(Liebe, Frieden, Gemeinschaft, weibliches Schöpfungsprinzip, Kollektivbewusstsein)

„Die liebe Linde – viele Lieder wurden über mich gesungen,
hat meine Schwingung schon in frühen Zeiten in den Herzen der Menschen geklungen.
Liebe habe ich stets gebracht, unter der Linde wurden viele hitzige Gefechte zu liebevollem Frieden gemacht.
Das Zusammenbringen ist meine Stärke,
unter meinem Einfluss entstehen wundervolle und heilsame Werke.
Lerne, meine Kraft zu nutzen für Gemeinschaft, Frieden und zum Schutze.
Ich halte dich und wiege dich in meinem Arm,
bei mir kannst du zu Hause sein, so geborgen und warm.
Suchst du deine innere Heimat? Du findest sie bei mir.
Suchst du bedingungslose Liebe? Ich zeige sie dir.
Suchst du einen Platz, an dem jeder jeden liebt?
Umgib dich mit meiner Kraft, und du wirst sehen, dass am Ende immer die Liebe siegt.
Ich umarme dich mit all meiner Liebe – stille deine Sehnsucht,
bin wie Rosenöl für dein Herzgetriebe.
Ich erhöre dein Suchen, helfe dir, zu finden.
Schau mit dem Herzen, dann bist du der Sehende unter den Blinden.

Gib dir selbst die Liebe, die du verdienst,
denn alles ist in dir, nach dem du dich sehnst."

Pappel

(Durchhaltevermögen, Wachstum, innere Größe, Wachheit, Konzentration, Vermittlung, Erreichen von Zielen)

„Wachstum ist eine meiner großen Stärken,
in meiner Gegenwart kannst du deine innere Größe merken.
Durchwebe alles mit meinem wachen Sinn,
zeige und bahne dir die Wege zu deinen Zielen hin.
Erkenne, was du willst, und halte daran fest,
erschaffe die Bilder in dir, bitte mich um Hilfe – ich mache den Rest.
Innehalten ist ein wichtiger Teil im Leben,
doch auch Bewegung öffnet Tore.
Erkenne an die Natur, nach deiner Größe zu streben,
so hebst du dich innerlich ganz von alleine empor.
Denn wo die Sehnsucht, da ist auch der Weg,
er wird durch die natürliche Kraft der Liebe darin geleitet.
Dadurch und durch meine Schwingung wird dir das Leben die Wege bereiten.
Widerstände spüre ich auf, helfe sie zu erkennen,
breche sie mit Mut, ganz klar,
nimmst du das Leben als Herausforderung an,
wird der Weg ganz wunderbar.
Ich bin dir ein treuer Begleiter auf diesem Weg,
jemand, der dir immer treu mit Rat und Tat zur Seite steht."

Platane

(Reinigung, Erneuerung, Zartheit, Herzlichkeit, Loslassen, Frieden)

„Altes lasse ich los und lasse es stehen,
in Leichtigkeit werde ich meine Wege gehen.
Nimmst du zu vieles dir zur Last,
hast du das Geschenk des Lebens verpasst.
Denke nicht an die Vergangenheit zu sehr,
das macht dich unnötig träge und schwer.
In diesem Moment kannst du dein Leben neu kreieren,
durch meine Kraft die Reinigung spüren.
Streife ab die alte Haut, zu lange hast du dich begrenzt.
Es wird Zeit, dass du ein solides Fundament für deine Zukunft baust und nicht mehr deinen Erinnerungen und Erwartungen nachrennst.
Ich gebe dir Kraft – lebe dein Leben,
die Hilfsmittel dafür sind dir durch mich gegeben.
Manchmal darf Altes kraftvoll gehen,
hab keine Angst, dann kann Neues entstehen.
Du bist so viel größer als du denkst,
meine Schwingung ermöglicht es dir, dass du das erkennst.
Fülle dich mit schönen Dingen auf,
dann nimmt dein Leben einen freudvollen Lauf.
In meiner Gegenwart kannst du dich besinnen,
ich werde deine Gedanken und Gefühle beschwingen.
Rufe mich, dann eile ich herbei,
mache dich von alten Erfahrungen frei."

Robinie

(Barmherzigkeit, Liebe, Wahrheit, Rückzug – eigener innerer Raum, Wehrhaftigkeit/Grenzen setzen, Seelensprache, Klarheit)

„Voller Pracht zeige ich dir, wer ich bin,
das Wohl allen Lebens steht mir als Höchstes im Sinn.
Auf Frieden und Harmonie bedacht,
habe ich schon so manchem Schutzraum geschafft.
Verteidige, was mir lieb und wichtig,
erkenne klar, was die Situation verlangt, und handle angemessen und richtig.
Manchmal ist es an der Zeit, nach innen zu gehen,
manchmal auch im Außen für seine Ziele und Visionen einzustehen.
Mein Wesen gibt dir Balance zwischen Innen- und Außenleben,
so geleite ich deine Seele auf ihren eigenen Wegen.
Klarheit gibt Struktur und Kraft,
mit der du im Leben fast alles schaffst.
Geschmeidig und zart, wehrhaft und hart –
ich verbinde alles zu einem runden Ganzen.
So bin ich der perfekte Begleiter zum Lieben, Lachen und Tanzen.
Huldige das Leben in großen Tönen,
an meiner Seite kannst du dich mit deiner Seele und dem Leben versöhnen."

Tanne

(Urkraft, ewiges Licht, Vertrauen, Sein, Umwandlung, Heilung)

„Aus den tiefsten Schichten von Mutter Erde bin ich aufgetaucht,
sie hat mir ihre tiefste Essenz eingehaucht.
In mir findest du, was du suchst – ewigen und stillen Frieden,
damit können wir die Krankheit der Eile besiegen.
Lass dich fallen, ganz tief – ich fange dich auf,
lass dem Leben seinen Lauf.
Von großer Warte aus wird alles gelenkt,
ist es nur der Mensch, der denkt, dass ER alleine lenkt.
Soviel größer ist das ganze Sein als dein Verstand,
der dagegen winzig klein.
Springst du aus dem Kopf ins Herz hinein,
kann ich mit dir ganz und gar zusammensein.
Diesen Weg, den zeige ich dir in guter alter Baummanier.
Schritt für Schritt mit den Gezeiten
können wir zusammen das Feld des Lebens bereiten.
Kommt Sonne, kommt Regen, kann es auch Stürme geben,
dort, wo ich mit dir bin, ist pures und echtes Leben."

Ulme

(Reinigung, Loslassen, Freundschaft, Vereinigung, Kraft, Liebe, Ruhe, Seelenrückholung)

„Ich wasche dich von Altem rein, damit du wie eine Blume erblühst, denn so darf es sein.
Hat dein Leben Tribut von dir genommen, ist jetzt die Zeit der Rückgabe gekommen.

In meinen Händen liegt das Geschenk deiner Lebenskraft –
trinke diesen Lebenssaft.
Vereinige dich mit mir, und du holst verlorene Seelenanteile zurück, mit jedem bewussten Ulmenatemzug ein weiteres Stück.
Sei willkommen in der Gemeinschaft des Lebens,
das und so vieles mehr wird dir von mir gegeben.
Rege dich in dir, bewege dich an Plätzen, die dir Gutes tun,
vereinige dich mit den Geistern der Natur –
das ist Liebe und Leben pur.
Erhöre den Ruf deiner Seele, so laut dringt er aus den Tiefen
deines Herzens empor,
nutze mich – ich bin dein wundervolles Eintrittstor.
In Zeiten, in denen du Verständnis suchst, suche meine Gegenwart, dann bleibt dir so einiges an Verzweiflung erspart.
Ich bin die Verbindung von Kraft und Liebe in ihrer gelebten
Form, somit sprenge ich jede Norm.
Zeige dir Wege, dein authentisches Sein zu genießen,
damit die Samen deiner Seelenessenz sprießen."

Wacholder
*(Schutz, Stärke, altes Wissen, Erd- und Ahnenwissen, Verge-
bung, Segnen)*

„Schon immer habe ich die Menschen beschützt,
wurde als Schutzzeichen in Türen geritzt.
Ich schütze und stütze den heiligen Raum,
damit sich manifestieren kann der heilige Traum.
Vergebe jedem das, was ihn belastet,
helfe dir, wenn das Leben dich hastet.
Bei mir findest du Zuflucht, in turbulenten Zeiten lehre ich dich

auch, mit der Stärke des Kriegers die Wellen des Lebens zu reiten.
Höre, wie ich zu dir spreche mit leiser Stimme,
kläre und unterstütze deine Sinne.
Du bist weit gereist, gib jetzt nicht auf,
das Leben nimmt nur dann seinen Lauf,
wenn du bereit bist, ihm zu dienen – seinen heiligen Atem hältst.
Verbinde dich mit mir, dann bist du vereint mit dem alten Wissen und den Weisen der Welt.
Hoch oben am Götterthron hat stets meine Präsenz erklungen,
wurde ich als Pflanze der Holden und Heiligen besungen.
Denn in der tiefsten Erde liegt die größte Macht,
im Herzen der Göttin des Schöpfers unbändige Kraft.
Nutze meine Kraft, sie wird dich führen,
schützt deinen Weg, deine Vorhaben und öffnet alle Türen."

Walnussbaum

(Harmonie, Verständnis, Kraft des Moments, Liebe, Genuss)

„Harmonie drückt sich durch mein Wesen im Leben aus.
Gebe ich dir ein Wohlgefühl, fühl dich bei mir ganz zu Haus.
Ich kann dich lehren, das Leben in Gelassenheit zu sehen,
lauf nicht ständig auf und ab, bleib manchmal einfach nur stehen.
In der Ruhe fußt der wahren Weisheit Weg,
verschwendest du die Zeit im Suchen, ist es am Ende vielleicht
zu spät.
Denn die Fülle, die du suchst, kannst du nur im gegenwärtigen
Augenblick gewinnen,
im Hier und Jetzt mit deinen Sinnen.
Lass dich auf den Moment hier ein,
genieße ihn, denn so darf es sein.

Du bist gekommen hier auf Erden,
um mit dem, was du hast, glücklich zu werden.
Wahres Glück findest du nicht im Haben,
viel tiefer gilt es, in den Schichten der Schöpfung zu graben.
Nur des Herzens Lustgewinn macht am Ende einen Sinn.
Denn nur die Liebe wehrt ewig und hat Präsenz im unendlichen
Sein, alles andere ist nur Schein.
Ich bin niemals müde, helfe dir zu erkennen, damit du wirst gewahr,
mit der richtigen Perspektive ist das Leben wirklich schön und
wunderbar."

Weide
(Trauer zulassen, Gefühle leben, in die Tiefen der Seele tauchen,
Weisheit, Weiblichkeit, Kommunikation, Sensibilität)

„Tauche in die Tiefen deiner Seele ein,
mit mir dort hinzuwandern lade ich dich ein.
Erlange Weisheit durch Innensicht und klare Vision,
dann erhältst du deiner Seele wahren Lohn.
Gekommen, um dich zu begleiten,
lass dich von meiner sanften Stimme leiten.
Horche auf das, was sich in dir bewegt,
jedes kleine Gefühl, das sich durch Spüren erlebt.
Meine Weichheit umfasst die ganze Welt,
bringe ich Frieden in die Themen von Materie, Macht und Geld.
Alles, was sich darum rankt, wo sich etwas komprimiert,
habe ich die Kraft, dass der Fluss des Lebens wieder fließend
wird.
All-Eins-Sein entsteht durch die Verbindung von Allem-was-ist,

ist es nur dein Verstand, der zwischen Erlebtem und Gewolltem
die Grenze ermisst.
Lass dich fallen in dich und in die Welt hinein,
um am Ende wahrhaft glücklich zu sein.
Dieses Loslassen kann ich dir geben,
zeige es dir auf allen Wegen.
Erst wenn die Dämme der Trennung brechen,
kann die wahre Weisheit des Herzens aus dir sprechen."

Weißdorn
(Schutz, Licht, Empfängnis, Erkenntnis, universelle Einheit, Höheres Selbst, Überwinden von Trägheit)

„Klar und rein stehe ich im Sein, nichts, das mein weißes Licht
berührt.
Seit Äonen mit Weisheit gefüllt, so habe ich tiefste Glückseligkeit gespürt.
Erwecke ich das Wissen um dein Licht in dir,
um dich zu erinnern, wer du wahrhaftig bist,
denn du bist reines klares Licht.
Durchdrungen von den höchsten Wesen der göttlichen Sphären,
erlösen dich deine niederen und wesensfremden Begehren.
Entledige dich von allem, was deiner Reinheit und deinem Weg
nicht zuträglich ist,
erkenne, dass du im innersten Kern nur die Einheit Gottes vermisst.
Dieses Suchen treibt dich umher, um es zu erlösen bin ich gekommen.
Nutze mich und mein Wissen – bitte sehr,

habe ich schon viel Last von den Schultern der Menschen genommen.

Licht durchdringe, flute dieses menschliche Liebewesen,
durch meine Kraft kann die Essenz in dir genesen.
Vollbringe Wunder, bin eine direkte Verbindung zur göttlichen
Quelle, sodass ich die Dunkelheit in dir erhelle."

Zeder
(Einweihung, spirituelle Kraft, Einsicht, Heilung, Liebe)

„Heilig bin ich seit Anbeginn der Zeit,
den Kräften der spirituellen Entwicklung geweiht.
Den Weg nach Hause zu Gott, den zeig ich dir.
Die Pforten der Heilung öffne ich hier.
Verbinde, was scheinbar entzweit.
Bringe zusammen, auf dass sich die Erde vereint.
Wenn die Masken der Identität zerfallen, öffnet es sich.
Das, was wirklich dahinter steht, zeigt sein wahres Gesicht.
Denn der Schleier kann nur dort entstehen,
wo die Kräfte des Kosmos verlorengehen.
Ich bin ein Verbinder, segne alles, was kommt.
Nutze mich zur Einsicht und erkenne prompt.
Tief in dir löse ich die alten Muster der Seele, auf dass du dich
zeigst im neuen Licht.
Dass du findest deinen Weg, ihn in Liebe zu gehen, mehr will
ich nicht.
Zeige ich dir, dein Herz so rein –
in vollen Zügen, denn so darf es sein.
Ehre die Erde, dann ehrst du auch dich,
wirst eins mit Gottes schönstem Angesicht."

Zwetschenbaum
(Genuss, Freude, Freundschaft, Achtsamkeit, Mäßigung, tiefe Ruhe)

„Was ich bin, kommt tief aus dem Meer der Freude hervor,
strecke ich meine Äste nach oben und berühre das Himmelstor.
Den Genuss bring ich in dein Leben hinein, im rechten Maß und
zur rechten Zeit,
so kann er ein wunderbares Erlebnis für dich sein.
Gleiche aus, was Gier, Hast und Unrast zum Opfer gefallen,
denn in meiner Gegenwart können sich nur gemäßigte Kräfte
ballen.
So stehe ich für Entspannung – tief und endlos weit,
mache dich für die Schönheit und Leichtigkeit des Lebens bereit.
Es ist so ein wundervoller Segen – könntest du bloß die Welt
durch meine Augen sehen, dann würden deine Probleme weichen,
und du würdest die wahrhaftige Süße in all ihren Facetten verstehen.
Tiefe Ruhe und tiefes absolutes Sein strömen über meine Energie in deinen gesamten Organismus ein.
Lass los, vertraue dem Leben selbst, dann wird dein Leben zu
einem Geschenk, denn du lebst in einer wundervollen Welt."

✩ ✩ ✩

Krafttiere

Adler
(Göttlicher Kontakt, übergeordnete Sicht, Klarheit, Erleuchtung, Weisheit, kosmische Ordnung, Führung)

„Hoch in den Lüften fliege ich, nah der Quelle, die zu mir spricht.
Breite ich meine Flügel aus, bring „Gottes Wort" zu dir nach Haus.
So lehre ich den Geist, zu fliegen –
Schwermut und Depression zu besiegen.
Mein Herz strahlt hell am Himmelszelt –
bis zum Ende dieser Welt.
Verbinde ich alles, von der kleinsten Mikrobe, bis zum größten Lebewesen,
durch mich können deine Ansichten zur bedingungslosen Liebe genesen.
Ich helfe dir beim Annehmen von dem, was ist,
und dass du die Einheit der Dinge nicht vergisst.
Denn im Herzensraum ist für alles Platz,
dort wartet dein größter, erlesener Schatz.
Ich sage dir in sanftem Ton:
Strebe nicht zu viel, denn du bist es schon.
Von hoch oben am Himmel werfe ich ein liebevolles Auge auf die Erde,
damit das Leben wieder zu Liebe, Frieden und Freiheit werde.
So zeige ich dir den Blick aus der kosmischen Ordnung heraus,
erkenne – alles im Leben hat seinen Lauf.
Meine Kraft lehrt dich zu fliegen,
so kannst du Kleinheit und Egowahn besiegen.
Ich verbinde dich mit der Quelle allen Seins,
dann verschwindet die Illusion des Scheins.

144

Denn durch mich spricht der Schöpfer sein Wort:
„Ich bin nur Licht, nicht der Schatten dort."

Ameise

(Kraft, Sensitivität, Kommunikation, Ordnung/Struktur, Samm-
lung im Inneren)

„Bin ich klein, doch sind meine Sinne sehr fein.
Belastbar bis an Grenzen, von denen du kaum zu träumen
wagst.
Spüre, wie diese Kraft sich in deinem Inneren auszubreiten
vermag.
Kraftvoll geht der Weg des Lebens, doch ohne Geschicklichkeit
ist das Spiel vergebens.
Ein Feingespür für Kommunikation liegt in meinem innersten
Wesenskern,
Zeichen in der Natur zu lesen, dazu ermächtigt dich meine na-
türliche Verbindung zum Erdenstern.
Im Austausch mit mir heilt dein Inneres Kind,
jener Teil, der manchmal Stärke braucht, um aus den Begren-
zungen zu gehen,
denn erst dann kann er das Große Ganze verstehen.
Mit Feingefühl und viel Geschick bringe ich die Ordnung in dein
Leben zurück.
Denn der Weg in die Freiheit ist von Klarheit durchdrungen,
mit mir an der Seite ist noch jedes Vorhaben gelungen."

Amsel

(Göttliche Ordnung, altes Wissen, Koordination, innere Freiheit, Sensibilität, Heilung)

„Ich bin das weiseste unter den Tieren,
sogar der Führer von den Vieren.
Jede Himmelsrichtung hat sein Gesicht,
im Norden oben wache ich.
Dort, wo alles beginnt,
das Rad der Schöpfung den Anfang nimmt,
stehe ich und überwache den Weltenlauf,
passe auf dich, die Liebe und die Ordnung Gottes auf.
Denn wenn alles seinen Platz einnimmt,
ist es die Harmonie, die alles bestimmt.
Die göttliche Führung lehrt dich durch mich –
mit der Stimme der Weltenseele spreche ich.
Verlasse dich auf meine Führung,
sie basiert auf der inneren Spürung.
Heil all denen, die in Ordnung sind,
denn sie sind jene, denen der göttlich Plan bestimmt.
Frei kannst du sein, wende dich ab vom dem Schein,
hin zum Leben selbst, fernab der materiellen Welt.
Dort, wo der spirituelle Weg deiner Seele beginnt,
die Heilung der Ahnen, die Verbindung zur Erde, das Innere Kind.
Sanft führe ich dich zum Lieben zurück,
denn dort liegt letztendlich das einzige Glück."

Bär

(Kraft, Heilkraft, Vergebung, altes Wissen/Weisheit, Liebe, Öffnung)

„Ich bin der sanfte und kraftvolle Heiler im Kreis der Tiere,
öffne dein Herz und spüre meine Liebe.
Ich leite dich durch den Wald, kenne die Wege, auch jene, wo
du deinen Schatten begegnest.
Wie das Wasser fließt, fließt auch der Segen,
er ist von der großen Quelle zum Herzen aller Wesen gegeben.
Vergebung heilt, bleibt am Ende doch nur die Liebe bestehen.
Mut brauchst du, dann kannst du manchmal auch auf Abwegen
gehen.
Denn nicht immer führt der kürzeste Weg zum Ziel – das ist es,
was ich dich lehren will.
Finde deinen Weg, lerne, das Flüstern der Seele zu verstehen,
dann kannst du in Frieden und Glückseligkeit gehen.
Mein Herz ist so groß, hier ist für jeden Platz,
so gebe ich dir das Geschenk der Akzeptanz als meinen heiligsten Schatz.
Auch beim Tatendrang kann ich dich begleiten,
kann deine Sicht und Kraftquellen weiten.
In Zeiten, in denen du müde bist, rufe mich,
ich heile und bekräftige dich.
In Phasen der Orientierungslosigkeit mache dich für mein Ankommen bereit.
Ich bin ein Erdenhüter für diesen Planeten,
so wird meine Stimme bis ans Ende der Zeit für Frieden und
Erlösung beten."

Biene

(Goldenes Herz/Alchemie, bewusstes Sein, Leben, Herrlichkeit, Gott)

„Das goldenste Tier bin ich eindeutig hier, meine Symbiose zum Menschen ist längst bekannt.

Gehen Bienengesundheit und Menschenleben Hand in Hand.

Wir halten das Bewusstseins-Gitternetz der alten und neuen Zeit, machen dich für den Aufstieg bereit.

Ganz bewusstes liebevolles Sein speisen wir in deinen Herzensraum ein.

Denn dort sind wir zu Hause, an dem Platz, an dem auch du entstanden bist.

In der Mitte des Universums – deinem Herzen, auf dass du diese Weisheit nie mehr vergisst.

Großmut, Liebe für alles, grenzenloses und bedingungsloses Sein fließen über mich in deinen Lebensalltag ein.

Ich umgebe und schütze dich,

denn es ist der „Große Geist" persönlich,

der durch mich spricht.

Wahrlich tragen du und ich ein großes Erbe,

sind wir der nächste Schritt in der Evolution des Seins,

bringen wir göttliche Liebe in die Gemeinschaft hinein.

Ich bin das Bindeglied zwischen Tier und Mensch

So, wie du zum Bindeglied zwischen Mensch und Engelwesen wirst, wenn du dein wahres Potenzial erkennst.

Willst du dich mit der Natur und den Tieren verbinden, rufe mich. Bist du in Not und brauchst Rat, dann stütze ich dich.

Wir sind im Herzen eins, weil nur ein Herz das Sein erschuf,

lebe die Göttlichkeit in dir, mit meiner Hilfe – folge deinem Herzensruf."

Büffel

(Standfestigkeit, Sanftheit, Spiritualität, Weisheit, Gemeinschaft)

„Als Büffel bin ich ein Tier der Herde,
durch die Gemeinschaft nahe dem Himmel und noch viel näher
der Erde.
Aus der ich Weisheit zu dir bringe,
schärfe deine Kanäle und Sinne.
Der Mensch, der Schutz sucht, findet ihn bei mir,
bin ich schon seit Urzeiten ein heiliges Tier.
Meine Ruhe lässt dich finden, was du suchst im Weltenringen.
Denn in der Ruhe liegt die Kraft,
aus den Wurzeln strotzt der Saft,
der dich geradewegs zum Spirit bringt,
der das Lied deiner Seele unaufhörlich für dich singt.
Lass dich führen, ich bin dir ein treuer Freund –
auf dass die Welt uns alle eint.
Ich nähre dich durch mein ganzes Wesen,
sind meine innersten Säfte für die Stärkung erlesen.
Berufe dich auf meine Kraft, an deren Seite du alles schaffst.
Erhöre den Ruf, der sich durch mich in die Welt hinausschickt,
so haben schon viele durch mich das Gefühl der Gemeinschaft
erblickt.
Ich segne jeden Schritt, den du auf deinem Lebensweg wan-
derst,
wirst du geführt sein, wenn du erst mein Geschenk für dich erkannt hast."

Delfin

(Herzenseinweihung, Sanftmut, spirituelle Entwicklung, Traumaheilung, altes Wissen, Freude und Lebenskraft, Entspannung, Heilung)

„Wie es ist, mit dem Herzen zu sehen,
kannst du durch die Verbindung mit mir verstehen.
Bin ich hier und gebe auf die Menschen Acht,
dass sie nicht verschlungen werden von ihrer eigenen Nacht.
Weit bin ich als Seele gereist,
habe mich emporgeschwungen aus dem Wiedergeburten-Kreis.
Frei bin ich nun, das möchte ich dir schenken,
damit du die Kraft bekommst, dein Schicksaal zu lenken.
Aufrichtigkeit, Ehrlichkeit und Sanftmut sind in deinem Herzen,
die Fähigkeit, auch in scheinbar harten Zeiten zu scherzen.
Denn Lachen ist der Seele Ruf,
die Essenz des Lebens, die den Urgrund schuf.
Das Leben ist, was du daraus machst,
verstricke dich nicht in der scheinbaren Nacht.
Gehe deinen Weg und nimm das Zepter deiner Schöpferkraft.
Bitte mich um klaren Blick,
dann führe ich dich durch die Welt mit Geschick.
Heilfähigkeiten sind dir von der Quelle gegeben,
das heilsame Tönen und Singen als Segen.
Nutze das, was du in dir trägst,
damit dein Wind der Seele weht."

Drache
(Einweihung, Schöpfermacht, Integration der Schatten, Bewusstseinsgitternetz, Allmacht, Erdverbindung)

„Die Kraft der Erde fließt durch mich, ihre Schätze hüte ich.
In Form von „dunkler" Emotion liegt die Energie begraben,
wird nur der Mutige einen Blick darauf wagen.
Denn der Weise weiß,
dass der Schatten nie von seiner Seite weicht.
Erst wenn du das Feuer in dir entfachst,
wird auch das Dunkel des Schattens erwachen
und nährt dich als Quelle der Kraft,
durchfließt deine Adern als neuer pulsierender Lebenssaft.
Breite deine Flügel der Heilung aus, heile die Wunden der Erde –
diese Kraft liegt in dir, auf dass sie ein Teil deines Lebens werde.
Horche auf die verborgene Macht, die in dir lauert,
hab keine Angst, denn nur die liebevolle Schöpferkraft ist von
Dauer."

Eichhörnchen
(Herzlichkeit, Seelenkontakt, Verspieltheit, Unbeschwertheit, Erdkontakt, Herzheilung)

„Ein Wächter des Waldes bin ich schon seit Urzeit gewesen,
Hüter des Herzens und liebevoller Begleiter aller lebendigen
Wesen.
Als Orakel diene ich, zu hören deiner Seele Ruf,
fasse dir ein Herz und geh deinen Weg, das ist der Grund,
warum die Quelle dich schuf.
Warum kümmert es dich, was die Welt über dich denkt?

Du bist einzigartig wie jeder andere Mensch.
Ich lehre dich, dir treu zu bleiben,
deine Kraft zu sammeln, das beendet dein Leiden.
Freude und die Unbeschwertheit des Seins strömen durch mich
in dein Leben ein.
Öffne dich für mich – den Eichmeister –, nimm es selbst in die
Hand,
verbinde dich mit deiner Seele, deiner Heimat, deinem Land.
Denn verbunden bist du frei,
so kannst du leben, lieben und gedeihen."

Einhorn

(Kommunikation zwischen den Welten, Hellsichtigkeit, Reinheit, Meisterschaft)

„Mittler der Welten bin ich, von der Erde bis hoch hinaus zum
Himmelszelt.
Freude, Licht, Liebe und die Reinheit des Herzens bringe ich in
die Welt.
Koste meinen Überfluss, schäumend sanfter, heilsamer Genuss.
Die lichtvolle Kraft der Engel schlummert in dir,
hüte dich vor negativen Gedanken, Macht und Gier.
Sie sind der Weg, der dich vom Licht wegführt,
nur von bedingungsloser Liebe werden dein Herz und deine
Seele berührt.
Ich bin über die Schwere erhaben,
mein Horn erhoben, habe ich schon immer das Siegel des Meisters getragen.
Komm ich in dein Leben, darf die Zeit der Freude beginnen,
das Leben, das Lachen, das Tanzen und Singen.

Die Kraft der Hellsicht ist dir durch mich gegeben,
denn bring ich die Tiefe der Herzenssicht in dein Leben.
Steig auf meinen Rücken, ich führe dich direkt in dein strahlendes Sein,
tauche über mich in deine innere Meisterschaft ein."

Elefant
(Erdkontakt, Stärke und Geduld, Wissen der Ahnen)

„Stark zieht mich die Erde an,
die Große Mutter, die Weisheit der Ahnen.
Ich bin der Botschafter von Mutter Natur,
glaube es nicht, spüre es nur.
Im Gefühl liegt die Kraft begraben,
öffne und pflege deine Gaben.
In vielen Kulturen verehrt, habe ich schon einige bekehrt.
Sie gelehrt, auf den alten Pfaden zu gehen,
das Wissen ihrer Vorfahren, der Erde und Sterne zu verstehen.
Denn Geduld habe ich allemal,
zu kennen die Rhythmen im universellen Schicksal.
Ich nenne dich beim Namen, den dir die Große Mutter gegeben,
ebne dir Wege und wirke mit an den Schicksalsfäden,
die Raum und Zeit durchstreifen,
wo Handlung und Auswirkung ineinandergreifen.
Mach ich dir bewusst im Sein, dass alle deine Taten wie Samen
im Garten deiner Seele gedeihen.
Also achte darauf, sei dir bewusst,
sähe mit Liebe, dann wird das Ernten zum Genuss.
Wenn ich in dein Leben schreite,
mach dich bereit für die große Reise.

Heimzukehren in den Urweltengrund (die Tiefen von Mutter Erde) –,
wo sich alles begegnet und die Quelle der Schöpfung wohnt."

Eule
(Weisheit, Ruhe und Zentriertheit, altes Wissen, Überblick, Konzentration)

„Durch die Nacht der Weisheit bin ich geflogen,
habe mit meinem Wissen den Himmel durchzogen.
Am Weltenbau trage ich mein Schaffen,
höre das leise kindliche Lachen,
das allem hier zugrunde liegt,
das wie eine Quelle niemals versiegt.
Nutze mich, und du kannst es finden,
es wird wie Balsam auf deiner Seele nicht mehr aus deinem Leben verschwinden.
Entdecke und entwickle dich,
sagt die Stimme der Weisheit, die aus mir spricht.
Denken ist des Wissens erster Schritt,
doch Weisheit erlangst du damit nicht.
Tiefer gilt es zu gehen, um die Zusammenhänge zu sehen.
Hinab in Mutter Erde Schoß – zögere nicht, geh einfach los.
Lege dich auf die Erde und spüre dein Sein,
lade alle Erdenkräfte in dich ein.
Sie sind der Schlüssel zum ewigen Glück –,
schrecke auch vor Trauer, Wut und Einsamkeit nicht zurück.
Viel größer ist deiner Seele Ruf, als du ahnen magst – Eulenmensch – schläft in dir die Fähigkeit, dass du niemals verzagst.
Höre und spüre mein Sein, lass dich auf meine Führung ein."

Falke
(Schnelligkeit, göttliche Ordnung, Klarheit, innere Heimat)

„Blitzschnell bin ich in der Luft,
sehe alles, sogar wie Gott diese Welt erschuf.
Bin ich Wächter und Überwacher des göttlichen Plans,
Mittler der Welten, Verbinder der Clans.
In meinem Herzen der Spirit thront,
in meiner Liebe die Erde wohnt.
Verbinde ich beide, gebe ihnen Heimat in mir.
Diese Heimat gewähre ich auch dir.
Denn wenn Himmel und Erde im Innen verbunden,
beginnen des Lebens glückselige Stunden.
Ich hebe dich hoch zum Himmelszelt,
zeige dir die Potenziale der inneren Welt.
Lehre dich, von oben auf die Dinge zu schauen,
mit Klarheit und Weisheit deiner Führung zu trauen.
Erhebe dich aus den Verstrickungen der materiellen Welt,
ist sie doch nur geliehen, um Erfahrung zu machen, Liebe zu
entfachen und dein Gegenüber als dein Ebenbild zu sehen.
Frage dich mit innerem Ton: „Was ist es, das ewig in mir wohnt?"

Fledermaus
*(Schutz, Schattenarbeit, Orientierung in der Welt von Licht und
Schatten, Bescheidenheit)*

„Nachts bin ich agil, deshalb auch gefeit vorm Schattenspiel.
In der Dunkelheit kenne ich mich aus,
bin ich bei dir, findest du aus den dunkelsten Teilen der Seele
nach Haus.

Gebe dir Schutz und behüte dich vor dunklen Mächten,
die umherstreifen, gekleidet in Wut und Hass in den Nächten,
die die menschliche Seele einhüllen,
verhindern, dass sie scheint in ewiger Fülle.
In der Essenz ist jeder Schatten ein Kind des Lichts –
das ist es, was meine Liebe zu dir spricht.
Angst ist der Weg, auf dem du großes Wissen kannst erlangen,
stelle dich deinen Ängsten, bin ich bei dir,
musst du nicht bangen.
Verbinde dich mit meiner Kraft, wenn die Schwere dich zu erdrücken droht,
nehme ich sie von dir und zeige dir dein Lebens-Echolot.
Gehe ins Licht, gehe ins Licht, wehre dich nicht.
Du musste keine Angst vor dem Licht in dir haben – weißt du
eigentlich, wie schön du geschaffen wurdest in Gottes Namen?"

Frosch
(Nahbarkeit, Verbindung der Elemente und Welten, Mittler zwischen den Welten, Beschützer des Lebens, Umwandlung/Erneuerung, Reinigung, Transzendenz, altes Wissen, Zuversicht/Optimismus, Inneres Kind, Segen, Fülle, Traumaheilung, Ahnen)

„Die alten Traditionen haben mich stets geehrt,
denn ich habe ihnen ein Leben in Fülle und Freude beschert.
Ich verheiße immer großen Segen,
triffst du mich auf deinen Lebenswegen.
Ich bin bescheiden, deshalb liegt mir das Himmelreich zu Füßen,
kann ohne Erwartung jeden Tag mit der gleichen ungebrochenen Freude begrüßen.
Auf die Basis im Leben hole ich dich zurück,

denn dort liegt wahrhaftig dein größtes Lebensglück.
Lehre dich Freunde, Familie und die Geschenke der Erde zu ehren,
nichts und niemandem den Zutritt zu deinem Herzen zu verwehren.
Hochmut ist wohl der Menschheit dunkelstes Erbe,
diese Krankheit in dir zu heilen vermag ich.
Schaust du in meine Augen, schaust du direkt in der großen Göttin Angesicht.
Ich bringe dich mit deinem Inneren Kind in Verbindung,
helfe dir bei der Kindheitstrauma-Überwindung.
Damit du wieder mit dir im Einklang bist
und die liebevolle Annahme deiner verletzlichen Teile nicht vergisst.
Auch wasche ich dich von alten Schlacken rein,
aus vergangenen Leben und dieses Lebens Sein.
Bin ein ganzheitlicher Begleiter und Freund für ein Menschenleben,
kann dir auf allen Ebenen nützliche Hilfestellung geben.
Nutze den Zugang zu mir, um dich mit der Erde, dem Kosmos und den vier Elementen zu verbinden,
dann werden deine Trennungsgefühle langsam, aber sicher verschwinden.
Die Einheit verankere ich tief in deinem Wesen,
denn genau dafür wurde ich von der Schöpferkraft auserlesen."

Fuchs

(Feuer, Ahnen, Macht, Klarheit, verbesserte Leistungsfähigkeit, Ablegen von Eitelkeit, Transformation, Ordnung, Leben und Tod, allumfassende Liebe)

„Ich bin der Hüter des Waldes, beobachte und habe den gesamten Überblick.
Dass alles seiner Ordnung folgt, dafür wurde ich geschickt.
Dieser Ordnung kann ich auch mit enormer Kraft entgegenschreiten,
wie ein Waldbrand Platz für neues Entstehen bereiten.
Denn auch der Tod gehört zum Leben,
die natürliche Selektion ist der Natur als Kunst gegeben.
Gibt es Wesen, die auserwählt sind, diese Macht zu tragen,
weil sie gelernt haben, damit umzugehen aufgrund der Fülle ihrer Seelenjahre.
Ich bin sehr einfach in dem, was ich brauche und was mich trägt,
nimm mich als Beispiel, und du wirst mit wenig glücklich sein.
Ich habe so viel zu geben, so vieles, das sich aus meiner Liebe weiterbewegt,
deshalb kenne ich keinen Besitz – ich nenne alles hier mein.
Großmütig und offenen Herzens wie des Herzens Feuer Weisheit spricht, bin ich oft der König im Volk am gedeckten Tisch.
Diese Königlichkeit kann ich dir geben, diesen wundervollen Herzenssegen.
Die Liebe, die so groß ist, dass sie den Frieden für alle will,
sich selbst für das Wohl der anderen opfert, als des Dienens Beginn.
„Heureka", rufe ich, ziehe ich auch für mein Volk in den Kampf,
furchtlos wie der Kriegerkönig selbst bin ich der Heiler, König und Held.

So vieles in mir vereint, was du manchmal in dir suchst,
rufe ich dich, folge meinem Ruf."

Geier

(Transformation, Ewigkeit, Weisheit von Leben und Tod, Trans-
zendenz, Kontakt zu den höheren Ebenen, Vertrauen ins Sein,
Angstfreiheit)

„Aas, hm, lecker für mich wie für Kühe das Gras.
Bin ich ein Transformator in der Welt der Tiere,
denn nur wenn Altes geht, kann die Welt Neues gebären.
Trage ich die Saat des Lebens in mir,
die Sprache der Seele, der Erde und Tiere.
Mit mir kannst du in andere Welten reisen,
dort kann die Seele im Unsterblichen kreisen.
Freude trage ich in mir, unendlich groß,
bin ich der Hüter von Mutter Erdes Schoß.
Denn nur jener kann die Ganzheit der Schöpfung sehen,
beschäftigt er sich auch mit dem Vergehen.
Denn alles hier hat seinen Lauf,
vergiss nicht, zum Leben gehört sterben, pass gut auf.
Hältst du an etwas zu lange fest, gibt dir die Stagnation den Rest.
Leben ist im Fluss, achte, was du halten und was du loslassen
musst.
Ich lehre dich Vertrauen im Sein,
lass dich auf den Fluss des Lebens ein.
Hab keine Angst, dann kommt der Augenblick, wenn das Leben
mit dir tanzt."

Gepard

(Schnelligkeit, Orientierung, Herzlichkeit, Manifestation/Träumen, Wissen um das Ganze, Führung, Bescheidenheit, Verspieltheit)

„Schnell bin ich, wendig und clever zugleich.
Bin ich der große Beschützer im Tier-, Mensch- und Erdenreich.
Mir wurde gegeben, zu sehen das Ganze,
zu erkennen die Schutzmechanismen und Panzer.
Fege ich sie weg mit unsagbarer Kraft,
schnell wie ich bin – lebe deine Schöpferkraft.
Meinem Blick entgeht nichts, mein Herzschlag geht schnell,
bin verbunden mit allem – öffne dein Herz für die Welt.
Das ist es, was ich bin, und ich kann dich lehren,
finde deinen Platz und führe die Menschen,
ohne sie zu bekehren.
Denn jeder hat seinen Platz im großen Spiel,
siehst du nicht, wie sich alles erfahren will?
Bringe ich dir Beweglichkeit in den Gedanken wie im Gefühl,
weil ich das Allerbeste für dich und alle anderen will.
Stillstand kenne ich nicht – denn Freiheit ist meine Devise,
so führt dich meine Kraft aus jeder Lebenskrise.
Mit sanftem und liebevollem Blick trete ich den Herausforderungen des Lebens entgegen,
führe dich auf deinen Seelenwegen."

Giraffe

(Überblick, Sonne/Lebensfreude, Herzlichkeit, Sanftmütigkeit, Kundalini-Energie, Seelenreisen, Heilung)

„Von hoch oben habe ich den absoluten Überblick,
schrecke auch vor Gefahren nicht zurück.
Mein Herz trägt mich auf meinem Weg und durch den Tag,
nichts, was diese Liebe betrüben mag.
Ich bin ein wahrlich gemütliches Tier,
genieße es, zu essen und zu entspannen,
mit der Sonne im Herzen brauchst du um die Fülle nicht bangen.
Ich habe Verständnis für alles und jeden,
denn ich kann in den Herzen der Wesen lesen.
Weiß, was sie zum Handeln bewegt,
welcher Samen ihren Taten zugrunde liegt.
Am Ende musst du wissen, ist nichts rein schlecht gemeint,
jeder versucht doch stets, auf eine gewisse Art und Weise sein
Bestes zu geben.
Das zu erkennen ist für dein Leben ein großer Segen.
Verständnis bringt dich in die Einheit, raus aus dem Krieg,
denn nur abseits vom Schlachtfeld gibt es wirklichen Sieg.
Deine Seele führe ich in weit entfernte Landschaften der Schöp-
fung ein,
dort herrschen Frieden, Liebe und Sonnenschein.
Durch und durch bin ich optimistisch,
rufe mich, wenn du mit etwas im Zwist bist.
Ich stehe dir mit meinem absoluten Sonnenwesen zur Seite,
begleite dich durch die Schluchten des Lebens.
Bringe ich dich zu mehr innerer Weite,
du kannst mir jede Stagnation übergeben.
Ich bin eine Heilerin unter den Tieren,

weil sich durch das Licht im meinem Herzen neues Leben gebiert,
helfe ich dir beim Finden deiner Vision,
trage dich auf den Flügeln der Kraft zum göttlichen Thron."

Hase
(Agilität, Timing, Einfachheit, Ausgleich von Turbulenzen, Balance behalten, Selbstliebe, Sein, Fruchtbarkeit)

„Springend tanze ich durch die Felder,
durch Gärten, Wiesen und auch Wälder.
In der Natur bin ich zu Haus, sie ist mir Geliebte, Heim und Haus.
Der Erde bin ich nah, zum Anfassen sogar.
Lebe jeden Augenblick, als wär es der Letzte –
was hast du vom Tag, lebst du nur das Gehetzte?
Lerne von mir, im Moment zu sein, lass dich auf das Leben ein.
Alles hat seinen Platz, und so auch du,
vertraue darauf und heile im Nu.
Denn nur der Zweifel und der Gedanke, dass du nicht in Ordnung bist,
erzeugen in dir das Gefühl, dass du etwas vermisst.
Schnell kommt mit mir die Änderung in dein Leben –
Schöpfen aus dem Sein – wie ein heilvolles Beben.
Nichts kannst du mitnehmen von dieser Welt,
weder Besitz, Prestige noch Geld.
Aber die Liebe, die du im Sein erfährst,
wird dir bis in die Ewigkeit gewährt."

Hirsch
(Licht, Weisheit, männliches Prinzip, allumfassende Liebe, Verantwortung, Grenzen)

„Erhobenen Hauptes schreite ich umher,
Hüter der Sonne, Träger des Wissens und vieles mehr.
König des Waldes werde ich genannt,
da mein Sanftmut und meine Großzügigkeit jedem bekannt.
Mein Geweih holt das Licht herbei,
bekämpft den Schatten und macht dich von innen her frei.
Denn nur in dir kannst du Freiheit erlangen,
hast du sie gefunden, brauchst du um Weltliches nicht zu bangen.
Denn das Außen ist das Innen,
entziehe die Energie den äußeren Sinnen.
Richte nach innen, was nach innen gehört,
damit sich dein Ego nicht gegen dich und andere verschwört.
Der kosmische Lauf ist in mir vereint,
koste meine Medizin, mach dich bereit.
Von der Einheit komme ich,
vom Kelch der Vereinigung kosten lassen werde ich dich.
Allezeit Begleiter und Freund der Menschen helfe ich dir – setze
deine Grenzen!
Ordnung hat Raum, gestehe ihn dir ein,
handle weise aus der Mitte des Seins.
Meine Weisheit trägt dich bis zum Himmelszelt,
Seelenwanderer, überbrücke die Welt.
Du hast die Gabe, Himmel und Erde zu verbinden,
mit deiner Kraft kann die Trennung verschwinden.
Hirschmedizin ist Allheil – Herzenskraft aus der Mitte des Seins."

Hummel
(Fülle, Gemütlichkeit, Genuss, Einheit, Gefühl)

„Gemütlichkeit bringe ich dir,
bin ein sehr wohlwollendes Getier.
Immer am richtigen Ort zur richtigen Zeit,
mein Gefühl macht mich dafür bereit.
Ich sehe und erkenne schnell,
genüsslich gleitend im Herzen hell.
Helfe ich dir, die Sonne im Herzen zu tragen,
auch an scheinbar unterkühlten Tagen.
Denn jeder Tag ist, was du daraus machst,
deine Gedanken formen ihn, also gib gut auf sie Acht.
Alles fängt im Innen an, zeigt sich im Außen nur der innere Plan.
Du bist gesegnet mit allem, was du hast, wende deinen Blick zur
Fülle, zur Liebe und deiner eigenen Macht.
Meine Kraft ist Medizin, sie bringt dich zum Fühlen der Fülle hin.
Stabilität gewähre ich dir auch bei den Winden im Leben,
Sorglosigkeit und Vertrauen können dir meine Kräfte geben.
Sei verwundbar und stark zugleich,
das lehrt dich die Medizin im heiligen Hummelreich.“

Hund
(Konfliktlösung, Treue, Teamgeist und Kommunikation, Intuition, Tapferkeit, Liebe)

„Treu bin ich, ich höre zu,
sehe dich, verstehe dein Bedürfnis im Nu.
Wachsam gehe ich durch mein Leben,
mein Instinkt warnt mich vor Beben.

Wenn etwas sich zusammenbraut, der Sturm aufzieht,
ist es mein inneres Wissen, das Lösungen hervorbringt,
sich dem Toben stellt, nicht den Schwanz einzieht und flieht.
Denn ich weiß, Lösung kann nur dann entstehen,
wenn sich zwei Punkte in dieselbe Richtung bewegen und aufeinander zugehen.
Freundschaft ist mir wichtig, ich bin mir meiner selbst gewahr,
sind wir im Rudel, finde ich das wunderbar!
Denn einer allein kann viel bewegen,
doch in der Gruppe zu schaffen ist der größte Segen.
Höre meinen Ruf,
der die Tapferkeit im Herzen der Menschen schuf.
Treue hab ich dir geschworen,
bin ich bei dir, wirst du von Neuem geboren.
Nehme ich dich an die Hand, siegt Intuition über Verstand."

Jaguar

*(Wissen der kosmischen Gesetze, Herzenskraft, Erlösung von al-
ten Mustern, Sinn, Tor zu anderen Welten und Dimensionen, stär-
kende Kraft und Erweiterung der Kapazitäten, Feinfühligkeit und
übersinnliche Fähigkeiten, Anpassung an die Lebensumstände)*

„Meine Weisheit dringt durch mein Wesen zu dir.
Meine Großzügigkeit bekämpft Habsucht, Mangel und Gier.
Der Samen des Krieges, der in jedem Menschen gedeiht,
erlöse ihn und die Welt ist befreit.
Durch mich lernst du, den wahren Wert der Dinge zu verstehen,
mit mir als Begleiter kannst du den Weg der Freude, des Wis-
sens und der Liebe gehen.
Im Herzen bereit trage ich die Karte der Seele,

auf dass du die Entscheidungen und Wege verstehst.
Worum es geht, was es gilt zu finden –
finde die Kraft, dich an nichts zu sehr zu binden.
Denn frei ist, wer im Herzen weilt,
von Macht und Intrige auf ewig befreit.
Dein Herz ist der Schlüssel zum Glück,
lass das, was dich bindet, auf dem Weg zurück.
Höre die Weisheit des Kosmos, der durch mich spricht,
im Herzen der Erde findest du dein wahres Gesicht."

Kakadu
(Verbindung der Welten, Klarheit, Seelenkontakt, Einheitsbe-
wusstsein)

„Frech bin ich, lebendig und lehrsam zugleich,
bin ich ein Kommunikator hier im Erdenreich.
Denn ohne Kommunikation keine Verbindung entsteht,
ohne die Liebe kein Blatt sich bewegt.
Ich bringe zusammen, was scheinbar entzweit –
erkenne, die Trennung ist nur in dir,
mache dich für die Wahrheit bereit.
Geh einen Schritt weiter, um das Ganze zu sehen.
Brich aus deinen alten Mustern aus,
sie bieten dir schon lange mehr kein Zuhaus.
Ich unterstütze dich dabei, mache dich im Inneren frei.
Strecke den Kopf zum Himmel nach oben,
wo die Engel und Lichtwesen toben.
Sie sind an deiner Seite, sei dir gewiss,
dass du im Inneren ein Sternenkind bist.
Ich helfe dir, die dunklen Teile deiner Seele zu heilen,

alle Trauer, Hass, Wut und Pein.
Mit mir an deiner Seite brauchst du nicht bangen –
bitte mich um Hilfe, und du wirst sie erlangen.
Bist du im Herzen klar, offenbart sich der heilvolle Weg ganz von
selbst – so wunderbar."

Kamel
(Durchhaltevermögen, Mut, Optimismus, Mäßigung, strate-
gische Vision)

„Gerüstet bin ich für harte Zeiten, kann ich über Meilen reiten.
Mit Optimismus und viel Glück
lege ich als Helfer mit dir harte Wege und Zeiten zurück.
Denn der wahre Freudensamen wird erst dann geprüft,
wenn die Welt sich von der harten Seite zeigt, wie viel du wirklich bereit bist, zu integrieren oder wie schnell du von der Lie-
besschiene wieder in die Verzweiflung abweichst.
Mein Sinn für das Schöne ist so stark,
dass ihn kein Schatten dieser Erde trüben mag.
Wasser trage ich in mir,
als Symbol, dir deine Emotionen einzuteilen – das rate ich dir.
Verschwende nichts, dann bist du mit dir im Gleichgewicht.
Wer sich zu stark von der Lebenslust lenken lässt,
landet am Ende auf dem Trauerfest.
Du bist mir so nah, das kann ich dir sagen,
brauchst du Hilfe, kannst du mich zu jeder Zeit fragen.
Die Sonne des Lebens strahlt aus jeder meiner Poren,
dusche dich in meiner Kraft, und du fühlst dich wie neu geboren.
Ich nehme dich an die Hand,
gebe dir Mut und betrete mit dir neues Land."

Katze

(Einheit, Sanftheit, Ausstrahlung, Erhabenheit, Liebe, Vertrauen, Loslassen)

„Sanft bewege ich mich auf der Erde,
weil ich aus ihr geformt bin und einst wieder zu ihr werde.
Doch ist es nicht mein einziges Sein,
auch das Geistige spielt in die Schöpfung hinein.
Ich bin mir der Einheit von Mutter und Vater bewusst,
spüre sie – daraus entsteht die Lebenslust.
In der Einheit bin ich zu Haus,
deshalb koste ich das Leben in vollen Zügen aus.
Ich berühre dein Herz – lässt du es zu,
fange ich an zu schnurren,
das gibt dem Genuss den Ausdruck und verhindert das ewige Murren.
Wenn du etwas nicht ertragen kannst, ändere es oder folge anderen Wegen.
Eingefahrene Muster sind selten der glückliche Segen.
Denn das Leben der Katze ist im ewigen Fluss, lehrt dich,
was du zum Leben brauchst, aber auch, was du loslassen musst.
So sanft wie ich durch dein Leben tanze, drücke ich mich aus.
Ich gebe dir den Kontakt zur Seele, zum inneren Zuhaus.
Könige haben sich oft mit mir gezeigt,
bin ich in deinem Leben, mache dich für den König, die Königin in dir bereit.
Große Kraft und Charisma sind dir gegeben und begleiten dich auf deinen Lebenswegen."

Kondor

(Einheitsbewusstsein, Herzensmacht, Schöpferkraft, Tapferkeit, Achtsamkeit)

„Ich bete für die ganze Welt,
nichts existiert, das mich nicht enthält.
Ich bin der Vogel der großen Schöpferkraft,
die Macht des Herzens sei in dir entfacht.
Ich hüte und behüte voller Liebe, voller Güte.
Kannst du immer auf mich zählen, kümmere dich um das, was
dir am Herzen liegt,
lass dich von den Belanglosigkeiten des Verstandes nicht quälen.
Denn nur mit dem Herzen sieht man gut,
doch den Herzensweg zu leben,
erfordert Kämpfergeist und Mut.
Ich leihe dir mein Auge, das alles sieht –
leihe dir meinen Großmut, der die Ungerechtigkeit besiegt.
Zusammen sind wir stark,
so stark, dass uns niemand unserer Kraft zu berauben vermag.
So stark, dass uns niemand etwas vorspielen kann,
denn ich durchschaue die Schleier des Seins,
wie Herbstlaub fällt die Fassade des Scheins.
Spürst du die Ohnmacht, rufe mich!
Spürst du die Einsamkeit, rette ich dich.
Spürst du den Wunsch nach Verbindung, kommt meine Feder
herbei,
öffnet im Nu, nimmt vom Herzen das Blei.
Ich bin dein Begleiter auf all deinen Wegen,
höre mein Singen und spür meinen Segen."

Krähe
*(Weltenreisen, Wissen, Schutz, Macht, Reinheit, Hellsichtigkeit/
Klarsicht)*

„Mein Auge sieht alles, sei dir gewiss,
dass es wachsam immer in deiner Nähe ist.
Ich beschütze dich vor schlechter Rede, Missgunst und üblen
Gedanken,
weise deine Feinde in die Schranken.
Denn mein Schutz ist groß, meine Macht ungebrochen –
spüre meine Kraft bis tief in die Knochen.
In der Dunkelheit kenne ich mich aus,
auch sie ist mir wie das Licht ein Zuhaus.
Ich führe dich durch Welten, deren Wissen du als Seele schon
gekostet hast,
sei bewusst, wähle die Liebe, dann bist du in allen Welten ein
willkommener Gast.
Denn nur der Weise weiß mit der Verantwortung des Wissens
umzugehen,
sonnt sich nicht in Ruhm und Illusion, sondern wird bis zum
Ende seiner Entwicklung weitergehen.
Auch wenn nicht immer alles einfach erscheint, sich das ver-
letzte Kind auch manchmal zeigt – ist es stets an dir, die Liebe
zu wählen,
denn das Streben nach Macht hinterlässt letzten Endes trost-
lose Seelen.
Ein bodenloser Brunnen, der sich nie und nimmer füllt –
sei dir gewiss, du bist von großer Macht umhüllt.
Nutze sie weise, dann kannst du die Welt verändern,
mit Sprache und Form in manifesten Gewändern."

Krokodil

(Instinkt, Grenzen, Kraft, Urvertrauen, Anpassungsfähigkeit, Selbstbewusstsein)

„Schnell bin ich in meinem Instinkt, ich handle ohne zu überlegen, deshalb bin ich so geschwind.
Dieses Wissen gibt mir große Macht,
die im Laufe der Evolution im Unbewussten entfacht.
Das Wissen aller Dinge schlummert innerhalb meiner Sinne.
Kraft und Grenze liegen oft nah beisammen,
willst du deine Kräfte halten, brauchst du um gesetzte Grenzen nicht bangen.
Denn jeder hat seinen Raum, gestehe ihn dir ein,
verlasse deinen „Alles muss immer gut sein"-Traum,
denn so kann es auf Dauer nicht sein.
Mit scharfen Sinnen, durch die rohe Kraft gelähmt,
habe ich schon so manchen Feind gezähmt.
Denn nicht jeder will mir etwas Gutes –
trotzdem stehe ich gerne bei, wenn jemand in Not ist.
So viel Kraft habe ich, kann sie dir geben,
begleite Mensch und Tier auf ihren Wegen.
Mit mir als Gefährten bist du stark,
so stark, dass dich nichts hinunterzuziehen vermag.
Der Spirit lebt in mir in Form von roher Energie. Forme sie!
Dann wirst du auf ewig Hel sagenhafter Taten sein.
Lebe sie, und du wirst durch deine Präsenz die anderen aus ihren selbstgebauten inneren Käfigen befreien.
Denn ich bin der Befreier, befreie des Seelenwegs Kraft,
unterstütze dich beim Träumen, gebe dir zurück deine Macht."

Lachs
(Heimat, positiver Blick, Vertrauen in die göttliche Führung, Liebe zu allem, Sensibilität)

„Zu Hause bin ich, bin in mir zu Haus –
das strahle ich durch mein gesamtes Wesen aus.
Nur die Schärfung der Sinne bringt dich zu der Wonnes' Rinne.
Der Weg, der dich nach Hause führt,
wo du herzlich empfangen wirst,
wie es jedem „Heimkehrer" gebührt.
Die Heimat kannst du nur in deinem Inneren finden,
spürst du dich, wird dieses ewige Gefühl nicht mehr so schnell verschwinden.
Ich bin Symbol für Heimat, Schutz und Licht,
bin ich an deiner Seite, vereinsamst du nicht.
So bin ich im Geiste bei dir, halte dich nah an mir,
denn ich bin ein wirklich kuscheliges und liebevolles Tier.
Gebe Geborgenheit und Einklang,
auch mal Platz, damit der eine oder andere weinen kann.
Denn im gefühlten Heim ist alles willkommen,
hier werden die Scheuklappen der Gesellschaft abgenommen.
Vertraue, dass die göttliche Führung immer bei dir ist,
achte auf das, was du hast, nicht darauf, was du vermisst.
Der Richtung Blick entscheidet über des Lebens Geschick.
Vor allem die Freude wird durch positives Denken gemehrt.
Sie ist es, die alle „Negativität" abwehrt.
Das Leben ist doch viel zu schön, um seine Zeit zu sehr mit dem Schweren zu verbringen.
Nutze die Zeit zum Lachen und Singen. Zu Ehren der Schöpfung Schönheit und Sinn,
dann ehrst du auch dich – weil du ein Schöpfungskind bist."

Leopard
(Aufrichtigkeit, Ausdauer, Schnelligkeit, Genügsamkeit, Mut, goldenes Herz)

„Elegant bin ich in meinem Wesen, die Weisheit meines Herzens sehr erlesen.
Verstehe ich den Ablauf der Dinge, schärfe deinen Verstand und deine Sinne.
Wenn du Herz und Verstand koordinierst,
ist es das Leben, das fast wie von selbst funktioniert.
Aus der Mitte des Herzens entspringt das Sein, führt dich in die ewigen Freuden hinein.
Geführt von der Weisheit, eingetaucht in den Lebensfluss,
wirst du durch mich verstehen, dass man sich nicht immer alles erkämpfen muss.
Alles hat seine richtige Zeit, zu warten lohnt sich und macht dich für die reifen Früchte bereit.
Nutze die Phasen der Ruhe, bleib deinem Ziel auf der Spur,
höre die Stimme deines Herzens und bleibe pur.
Pur ist jener, der reinen Herzens ist,
der das Wohl der anderen nicht vergisst.
Das Leben nimmt durch die Veränderung seinen Lauf,
mobilisiere deine Kräfte — richte dich darauf aus.
Ich lehre dich, mutigen Schrittes nach vorne zu gehen,
die Welt zu verändern und den Alltag zu bestehen.
Mit mir an deiner Seite, sei dir gewiss,
gibt es nichts, was nicht zu meistern ist.“

Libelle
(Schönheit, Einklang mit dem Kosmos, Loslassen, Kreativität, Liebe, Gemeinschaft)

„Schönheit und Grazie sprechen aus mir zu der Welt,
bist du im Einklang, lebst du in Fülle, ohne Sorge um Sicherheit oder Geld.
Denn die Welt zeigt dir, was du dir selbst wert bist,
gibt dir die großen Prüfungen,
wenn du Gefahr läufst, dass du dich wieder mal vergisst.
Denn in der Mitte deines inneren Seins kann dich nichts so schnell aus der Bahn bringen,
egal, wie schlimm es scheint, wird in deiner eigenen Mitte das Lied des Leidens langsam, aber sicher aufhören zu singen.
Denn in der Mitte Kraft liegt der Entscheidungssaft.
Dich von dem zu trennen, was dir schaden will,
dich zu dem zu wenden, was dir bringt Liebesgewinn.
Ich bin der Poet unter den Tieren, nutze mich, um dich in die kreativen Sphären zu begeben.
Denn mit mir an deiner Seite bist du begleitet
von Kreativität in Wort und Tat – was für ein Segen.
Ich bringe in Einklang, wo dieser noch fehlt,
komme ich zu dir, hast du etwas gefunden,
das du schon lange vermisst.
Klarheit, Reinheit und die Kreativität der Sinne finden bei mir ein Heim,
sind wir zusammen, können wir spielerisch unter uns und in Gemeinschaft sein.
Ich bin dein Begleiter auf den Herzenswegen, helfe dir zu beten, zu träumen und zu segnen."

Löwe
(Kraft der Sonne, Führungskraft, Verantwortung, Eins-Sein, Harmonie)

König der Tiere bin ich, Vertreter von Gottes Angesicht.
Ist mir viel Macht gegeben,
damit verantwortungsbewusst umzugehen,
erfordert die Erfahrung von langen und oft mühsamen Wegen.
Denn aus großer Macht große Verantwortung folgt,
doch übergibst du dich der göttlichen Kraft,
ist dir das Schicksalsglück hold.
Die Reinigung des Herzens geht dem Zepter der Macht voraus –
wende dich an mich, wenn der Sturm der Veränderung in dir
braust.
Die Klärung der niederen Instinkte ist unumgänglich,
sonst bist du als Machthaber unzulänglich.
Durch mich kannst du die innere Sonne in dir finden,
ist sie einst gelebt, wird sie niemals mehr schwinden.
So, wie die Sonne nährt das Leben,
schlummert in dir die Kraft,
den Menschen Seelennahrung mit auf den Weg zu geben.
Große Führungskraft ist dir gegeben,
aber nimm Rücksicht auf all deinen Wegen.
Jeder Mensch ist Gleiches wert,
verlierst du den Blick dafür, ist dein Weltbild verzerrt.
In den Tiefen der Erde kannst du das Göttliche finden,
dich mit der Sonne im Herzen der Erde verbinden.
Harmonie und Frieden entstehen, wenn Schuld und Zweifel vergehen.
Labe dich an meiner Kraft, ich gebe dir all meine Macht.

Mein Ruf der Liebe zu dir hallt:
„Nutze die dir innewohnende Urgewalt!"
Nicht umsonst heißt es: „Sei mutig wie ein Löwe",
nichts macht mir Angst,
weil ich die Herausforderung und das Potenzial am Ende sehe.
Ich führe dich, vertraue mir,
zeigt ich dir den Weg des Königs und der Königin in dir."

Luchs
(Willenskraft, Liebe, Stabilität, Fürsorge, Einheit)

„Ein großer Späher bin ich, nichts entgeht meinem Blick,
auf der Suche nach Nahrung lege ich große Entfernungen zurück.
Mein Wille ist stark, das ist es, was ich dich zu lehren vermag.
Richte deine Vision auf das große Ziel –
lebe in Liebe das edle Spiel.
Du bist sanft und kraftvoll zugleich,
ist es die Willenskraft, die niemals von dir weicht.
Ein Großvater bin ich unter den Raubkatzen,
mit allen Wassern gewaschen.
Trage das alte Wissen in meinen Tatzen,
helfe dir, zu vertrauen und loszulassen.
Denn wer weise ist,
den die Großzügigkeit des Universums nicht vergisst.
Alles hat seinen Lauf, übergib dich der göttlichen Führung,
geh Schritt für Schritt und gib niemals auf.
Am Ende der Reise wartet auf dich, was du seit jeher vermisst.
Die Einheit, die dich in Form der Suche stets umhergetrieben,
findest du in meinem Wesen, denn ich werde dich ewig lieben."

Maus

(Geduld, Bodenständigkeit, Weisheit, Frieden, altes Wissen, Freude)

„Nah am Boden habe ich auf der Erde mein Zuhaus.
Entspannt und geduldig bin ich,
sehe ich auch manchmal rasant und „immer in Eile" aus.
Geduld wurde mir von der Schöpferkraft gegeben,
bringe auch zu dir diesen Segen.
Denn nicht immer kannst du machen, machen, machen –
manchmal gilt es abzuwarten, dann kannst du viel mehr schaffen.
Ich bin so schlau, in der Welt der Tiere dafür bekannt,
wurde ich im Rat der Tiere immer, wenn Hilfe gebraucht wurde,
beim Namen genannt.
Ein guter Freund und weiser Begleiter,
mit mir an der Seite sind die Lebzeiten heiter.
Lachen tue ich für mein Leben gern,
lebe aber auch die Stille zu Ehren des Herrn.
In der Schöpfungsgeschichte habe ich einen wichtigen Platz eingenommen,
habe die Wahrung der großen Stille anvertraut bekommen.
Suchst du sie, klopfe an meine Tür,
bitte mich, und ich gebe sie dir.
Ich führe dich sicher, auch auf Abwegen,
lehre dich, dich in Liebe dem Leben hinzugeben.
Denn alles, was du im Außen siehst, hast du selbst erschaffen,
erkennst du das, legst du nieder die Waffen.
Ich bin bei dir durch alle Zeit,
mache dich für den großen Frieden bereit."

Panther

(Mut, Triumph über die Dunkelheit, Wissen, Macht, Anpassungsfähigkeit)

„Durch den Dschungel streife ich, kein Geruch, keine Wahrnehmung, die mir entwischt.
Bin ich der König der Tiere hier,
verwalte und beobachte mein Revier.
Denn im Leben muss es Ordnung geben,
sonst ist alles Streben vergebens.
Kraft fließt durch meinen Körper wie Wasser im Fluss,
weil ich die Stärke der Erde trage, liebevoll und mit Genuss.
Ich halte den dunklen Teil der Erde,
damit er gelöst wird und in der Entwicklung wieder zu Licht werde.
Durch Urzeiten bin ich gereist, habe Dämonen verspeist.
Stets als Krieger unter den Lichtern,
fürchte dich nicht vor den finsteren Gesichtern.
Denn dein ist die Kraft, du kannst alles erreichen,
weil deine Schutzgeister und ich nie von dir weichen.
Das Wort der Kraft in deinem Mund –
handle, denke und überlege gesund.
Deine Schöpferkraft ist stark,
hast du die Macht, die alles zu bewegen vermag.
Manifestation vom tiefsten Urgrund des Seins,
mit mir blickst du hinter die Kulisse des Scheins.
Begleiter bist du in dunklen Zeiten,
lerne, deine eigenen Schatten zu reiten.
Wie der Drachenreiter, der seiner selbst gewahr, nimm die Herausforderung an, spüre deinen Seelenruf immerdar."

178

Pegasus
(Göttliche Weisheit, Klarheit und Präsenz, Willenskraft, Aufstieg in höhere Ebenen)

„Breite deine Flügel aus,
folge deinem Herzen – das ist der beste Weg nach Haus.
Bist du auch manchmal auf der Suche nach dir,
bringe ich dich ganz ins Jetzt und Hier.
Denn so, wie ich hoch oben am Himmel fliege,
helfe ich dir, die Bewegung des Geistes zu besiegen.
Gedanken binden dich an Raum und Zeit –
davon befreit, bist du zum LEBEN bereit.
Dein Körper ist ein Schlüssel zu deinem Sein,
atme dich ganz und gar in ihn hinein.
Zum Fliegen im Himmel bist du geboren,
zu überbringen die göttliche Weisheit auserkoren.
Doch ohne Wurzeln keine Flügel gedeihen,
ohne Erfahrung von Schmerz kein dauerhaft glückliches Sein.
Alles hat zwei Seiten.
Lernst du von mir, kannst du davon befreit sein.
Ich lehre dich, die Dualität zu sehen
und trotzdem nicht in ihr unterzugehen.
Ich trage das Lichtschwert („der reinen Liebe Gottes") in meinem Wesen,
wie Jesus Christus bin ich als Erlöser erlesen.
Verbinde dich mit mir und werde zum fliegenden Baum,
dann bist du verwurzelt in der Erde und kannst doch hoch zum Himmel schauen."

Pfau
(Kosmische Weisheit, Liebe, Leichtigkeit, Inneres Kind, Sanftmut, Erhabenheit, Strahlkraft, Einheit, Vernunft)

„Das allsehende Auge trage ich in mir,
Liebe und Leidenschaft zu geben vermag ich dir.
Es ist der kosmische Rat, der durch mich spricht,
auf weise Ratgeber verzichten solltest du nicht.
So lade ich dich ein, dich über mich mit dem Großen Ganzen zu verbinden,
so wirst du viel schneller und einfacher Antworten auf deine Fragen finden.
Vertraue auf die Führung, denn sie ist dir gewiss,
ich muss es wissen, weil sie durch meinen Ausdruck spricht.
Mit Rat und Tat stehe ich dir zur Seite,
bin immer lockig, flockig, verspielt und heiter, denn glaube mir
– selbst nach harten Zeiten geht das Leben immer weiter.
So lehre ich dich, die Wellen des Lebens in dir auszugleichen,
werde dir den Kelch der gelebten Weisheit reichen.
Denn in meiner Welt ist es der Frieden, der zählt,
und dieser kann nur durch Erkenntnis dauerhaft gesichert sein.
Liegt es an dir, welche Aufmerksamkeit dein Bewusstsein wählt,
so kann es trennen oder vereinen.
Die Wahrheit liegt so nah, halte öfter einmal an,
ist es nur die innere Stille, in der man gänzlich entspannen kann.
Ich liebe dich, pflanze einen heiligen Samen in deinem Herzen,
so kann das Leben durch und mit dir gemeinsam spielen.
Kommt das Innere Kind zum Vorschein – kommen Lachen und Scherzen,
so kannst du dich mit Freude und Leichtigkeit durch die Prozesse wühlen.

Dankbarkeit liegt mir hoch im Wert,
bist du bei mir, bist du zum Herzen heimgekehrt."

Pferd

(Lebenskraft, Individualität, Freiheit, Feingespür, Achtsamkeit, Sensitivität)

„Kraftvoll reite ich durch die Prärie.
Es ist die unbändige Lebenskraft, die aus mir sprüht.
Fordere ich dich auf, deine Kräfte zu nutzen, lass sie frei
und denke nicht immer an die Konsequenzen.
Im Leben hat alles seinen Fluss, du darfst lernen, dass man nicht
immer der öffentlichen Ordnung entsprechen muss.
Denn jeder ist ein unbeschreiblich schöner und einzigartiger
Ausdruck des Lebens,
hältst du deinen zurück, ist das Finden von glücklichen Wegen
vergebens.
Gerne bin ich in der Herde,
bin ein Gesellschaftstier – mit mir ist gut Kirschenessen,
das sage ich dir.
Gutmütig und achtsam bin ich allezeit bereit zu begleiten, wenn
jemand um Hilfe schreit.
Ein offenes Ohr für Probleme aller Art,
helfe ich dir, wenn du dich nicht abzugrenzen vermagst.
Auch wenn ich stets als Helfer zugegen,
liegt mir doch an meinem eigenen Wohl der höchste Segen.
Denn nur wenn ich bei mir bin, in meiner eigenen Kraft,
durchströmt mich der Spirit, der mich zum Helfertier macht.
Lass deine Zügel los – hole den wilden Mann, die wilde Frau
heraus.

Nimm dir Zeit zu feiern, lebe auch mal den inneren „Schweine-hund" aus."

Pinguin
(Gemütlichkeit, Freude, Leben im Sein, Genuss, Liebe)

„Locker vom Hocker, so lebe ich mein Leben.
Stress ist mir fremd, was für ein Segen.
Im Kalten bin ich gern zu Haus,
ich kühle dein Gemüt, wenn das Feuer in dir braust.
Finde die Ruhe, bleibe dir deiner selbst gewahr,
das bringe ich dir als Geschenk so nah.
Oh Mann, bin ich gelassen, ich kann es selbst kaum fassen.
Das Leben ist mir Geschenk und Genuss, werde dir bewusst,
was du tun und was du lassen „musst".
Vieles hast du dir auferlegt,
ist es doch nur die Angst, die dich dazu bewegt.
Spürst du die Angst in dir, verbinde dich mit mir.
Spürst du die Enge in dir einziehen,
wird dir von mir die Weite geliehen.
Traben deine Gedanken im gleichen Schritt,
bringe ich dir die innere Freiheit zurück.
Rufe mich, wenn du nicht weiter weißt,
ich bin dir Freund und Lehrer zugleich.
Im wahren Sein gibt es nichts zu tun, Heilung kommt aus der
Ganzheit und entspringt dem ewigen Ruhen.
Dem Ruhen in dir, dessen Ausdruck du bist –
sei ganz mit DIR, wenn du etwas vermisst.
Denn jedes Vermissen ist ein Zeichen,
dass die Kräfte des präsenten Seins aus dir weichen."

Qualle

(Erleuchtung, Fluss, Hingabe, Verbinden der Elemente, Vielsei-tigkeit, Informationen aus anderen Ebenen und Dimensionen, Heilung, Transparenz)

„Das Leben ist locker, süß und fluffig,
schwebe ich durch das Wasser liebsam luftig.
Leichtigkeit ist mein Gebiet,
wie sie jeder, der mir zuschaut, spürt und sieht.
Ich bin eins mit dem Wasser, in dem ich lebe,
gehe gleichzeitig mehrere Wege.
Den Weg der Erde, des Wassers, der Luft,
also über den Horizont des normalen Verstandes hinaus.
Wege von Liebe, Lust und Genuss,
sodass ich nichts und niemanden sonst brauch.
Ich bin mir selbst mehr als genug, das zeige ich dir auch für dich,
schaust du zu mir, schaust du in dein eigenes Angesicht.
Die Erleuchtung kannst du nur erlangen, wenn du dich ganz dem Leben hingibst.
Nichts zurückhältst, dich wie ein Baby in den Armen der Außen- und Innenwelt wiegst.
Dann wird Genuss aus jeder deiner Poren strömen,
und der Kampf wird endlich zu Ende gehen –
wow, das ist so wunderschön.
Mit mir bist du im Fluss, das verspreche ich dir,
ich lehre dich, dein Ziel nicht aus den Augen zu verlieren.
Schwimme mit dem Strom, aber bestimme das Ziel,
das ist die oberste Weisheit, die erkannt werden will."

Rabe

(Göttlicher Humor, übergeordnete Sicht, Erleuchtung, Hellsichtigkeit, Mittler der Welten, Zufriedenheit)

„Krah, Krah, Krah – ist das Leben nicht wunderbar?
Von hier oben sieht alles so putzig aus,
die kleinen Menschen, jedes kleine Haus.
Komm mit auf die Reise, koste von der Götterspeise,
die ich dir bringe, unaufhaltsam von ihr singe.
Einst wurde ich im Brunnen des Wissens getauft,
habe die Wege des Schicksals gesehen, auf denen ich mich nimmer verlauf.
Ist das Leben nicht ein großer Spaß, wo bleibt der Applaus?
Versteife dich nicht zu sehr, sieh, was ich sehe,
das nimmt die Anspannung raus. Nimm dich selbst mal nicht so ernst.
Wäre Gott so ernst gewesen, hätte er bestimmt keine Früchte
erlesen – hm, so köstlich und frisch.
Das Leben ist Genuss und Lust – tauche ein –,
aber verstricke dich nicht, sonst wird es zum Frust.
Meine Weisheit gibt dir Kraft und Sicht,
auf dass du dem „öden" Alltag entwischst.
Ich führe dich in göttliche Gefilde, sei wachsam und ehrlich,
dann bist du der Einäugige unter den Blinden.
Hops, Hops, eile ich herbei,
wenn du mich rufst, hör meinen göttlichen Schrei."

Ratte

(Verbindung von Kosmos und Erde, Zeitreisen, Klarheit, Genuss, Genügsamkeit)

„Oft wurde ich als unreines Tier benannt,
allzu oft das zauberhafte Wesen in mir verkannt.
Der Sterne Gefunkel findet in mir sein Erdensein,
bringe ich dich ganz tief in die Materie hinein.
Du bist ein Kind des Lichts, vergiss das nicht,
dich zu erinnern bin ich da.
Gebe dir einen klaren Ausblick in den Kosmos,
aber auch glasklare Erdensicht, dann siehst du, was ist, und
auch, was war.
In der Zeit kannst du mit mir reisen,
kosten von den Erdenhüter- und Götterspeisen.
Ich brauche nicht viel zum Leben,
ich weiß, dass ich alles habe, was ich brauch.
Kann gut und gerne mein letztes Hemdchen geben,
denn Besitz ist für mich nur Schall und Rauch.
Ich helfe dir, die verschiedenen Teile in dir zu verbinden,
auf dass die Trennungsgefühle schwinden.
Nähre dich mit erdigem Wohlfühlsein,
bis in die tiefsten energetischen Schichten hinein.
Bleib bei dir, in guten wie in schlechten Zeiten,
lehre ich dich, die Wellen des Lebens zu reiten."

Reh
(Reinheit, die dreifache Göttin, Sanftmut, Inneres Kind, Hingabe, Zuversicht, Heilung)

„Schau in meine Augen und erkenne dich –
ich bin das Innere Kind, das aus dir spricht.
Rein und unvoreingenommen stehe ich vor dir,
selbstlos und fernab jeglicher Gier.
Bedingungslos gebe ich, ohne zu fordern,
die Güte meines Herzens entspricht der obersten kosmischen
Ordnung.
Eine lange Herzensschulung habe ich genommen,
bevor ich als Reh bin zur Erde gekommen.
Ich bin reine Liebe, erkenne sie in dir.
Ich bin das du, du das ich und zusammen sind WIR.
Nichts ist von dir getrennt,
du bist alles – verbinde dich mit mir, damit du erkennst.
Sanft komme ich auf dich zu,
Geborgenheit gebend, dich umhüllend mit Mut.
Denn ein sanftes Herz ist berührbar und stark,
nur brauchst du Mut, damit du es in die Welt zu bringen ver-
magst.
Ich reinige dich, läutere dein Sein –
mit mir findest du in die Ewigkeit hinein.
Zu erkennen, dass nur die Liebe auf ewig besteht
und alles andere im Zeitenraum vergeht."

Schildkröte

(Kosmische Ordnung und Weisheit, Erleuchtung, Klarheit, Ruhe, Stille, Vertrauen)

„Für meine Weisheit bin ich seit Urzeiten bekannt,
bin eines der ältesten Tiere auf Wasser und Land.
Am Uranfang, wo noch gar nichts war,
waren auch der Götter Gedanken noch unklar.
Sie wussten nicht, wo zu beginnen,
wie diesem Urzustand des Chaos zu entrinnen.
Sie erbaten Hilfe, auf deren Ruf ich kam,
den Bau der Welten unter meine Fittiche nahm.
Ganz im Vertrauen und langsam, aber mit klarem Schritt,
brachte ich die kosmische Ordnung hinein und den Überblick zurück.
Verband Stelle um Stelle gemütlich mit der Perfektion des Seins,
lass dich nicht auf zu hastige Bewegungen ein.
Denn nur der Ruhige bewahrt den gesamten Überblick,
lässt sich nichts entgehen und niemanden zurück.
Große Urmutter der Stille ist ein Name, den ich trage.
Seit der Schöpfung Anbeginn, bis ans Ende aller Tage
finden jene bei mir Stille, die im Lauf des Lebens sich verfangen,
um ihre Sicherheit und Stellung bangen.
Bangen entsteht aus der Unruhe Kern heraus,
treibe ich dir diese unklaren Gedanken aus.
Führe dich mit Bedacht zurück ins ruhige Sein,
dort, wo die Verbundenheit auf ewig dein und mein.
Tiefstes Erdwissen trage ich in mir,
die Schatten zu erlösen helfe ich dir.
Denn als Mensch bist du gekommen,
hast eine große Reise auf dich genommen.

Die Dunkelheit ins Licht zu tragen,
doch sei gewiss, du bist nicht allein.
Manchmal musst du Schritte ins Ungewisse wagen,
doch dort wird auf ewig die Erlösung sein.
Vertrauen lehre ich dich, denn alles hier wurde um deiner Entwicklung Willen geschaffen.
Dich die bedingungslose Liebe zu lehren, das Niederlegen aller Waffen.
Ewige und wahre Zuflucht findest du nur in der Gesamtheit – im Sein –,
alles andere sind nur hilfreiche Illusionen und nicht wirklich dein Heim.
So viel Liebe trage ich für dich, ich kann es dir kaum mit Worten sagen,
nimm sie und lass sie zur ganzen Welt hinströmen.
Gemeinsam arbeiten wir an einer geheilten Welt, den „goldenen Tagen",
wo die Liebeswellen aus allen Herzen tönen.
Doch bis es soweit ist, bin ich dir alte Weise, Liebende und Heilerin zugleich,
bringe ich dir zur Erde das geheilte Himmelreich."

Schlange

(Ganzheit, Heilung, Transformation, heilige Weiblichkeit, Erdverbindung, Annehmen der eigenen Kraft und Schatten, Sensitivität)

„Die Große Mutter bin ich, Hüterin und Beschützerin aller Wesen.
Ich sehe alles, kenne alles und existiere in jedem.

Ganz bin ich in meiner Verkörperung des Seins,
bin ich bei dir, kannst du wieder heilwerden und gedeihen.
Umhüllt mit Geborgenheit, Vertrauen und Kraft –
erkenne die Größe in dir, die alles „er"schafft.
Ich symbolisiere den Kreislauf des Seins,
sei im Vertrauen, lass dich ganz darauf ein.
Übergib dich mir und dem Fluss des Lebens,
denn alles andere ist vergebens.
Weil der Verstand nie versteht,
wie alles auf der Erde vonstattengeht.
Die höhere Macht drückt sich im Leben aus,
erkennst du das, bist du im Leben zu Haus.
Keine Angst kann dich dann fassen,
Sorgen und Nöte werden einfach von dir lassen.
Leg ab die Sorgen der vergangenen Zeit,
lebe im JETZT, mach dich dafür bereit.
Du kannst dich jeden Augenblick neu erschaffen,
erkenne, was es gilt, loszulassen.
Du kamst ohne Besitz in dieses Leben,
und genauso wirst du wieder von ihm gehen.
Alles Materielle ist nur Schein,
gib ihm nicht mehr Bedeutung, als nützlich zu sein.
Um den Ruf deiner Seele zu leben,
DICH, die Welt und die Menschen in Licht und Liebe zu bewegen.
Nimm meine Medizin, sie ist Heilung für dich –
rufe mich und spüre die Kraft, die aus meinem Inneren spricht."

Schmetterling
(Entfaltung, Sanftheit, goldenes Herz, Blühen, Transformation, Loslassen)

„Meine Flügel wehen sanft durch den Wind,
unschuldig und lieblich wie die Stimme von deinem Inneren Kind.
Eine Transformation habe ich durchlaufen, lange habe ich in der Stille geruht – wollte meiner inneren Seelenstimme lauschen.
Jetzt bin ich erwacht, ich recke und strecke mich,
breite mich aus – es ist an der Zeit, dass du die neuen Möglichkeiten siehst.
Verlasse dein Schneckenhaus, denn die Freiheit kann man nur dort finden, wo die Mauern der Isolation verschwinden.
Du bist so groß in dir, fange an, es zu sehen,
dann kannst du im Leben das bunte Muster deiner Liebe hinterlassen, und deine Sorgen werden wie Sand im Winde verwehen.
Zeige dich, wie du bist,
so großartig, dass du es selbst kaum ermisst.
Nimm mich als Freund, und du hast Grund, dich zu freuen,
blühe und lebe dein Leben jeden Tag von Neuem.
Komme ich zu dir, nimm es als Segen –
ich führe dich auf den lichtvollen Wegen."

Schwan
(Reinheit, göttliche Anbindung, Einheitsbewusstsein, Heilung der Gefühle)

„Rein bin ich geboren,
mit Sternenessenz im Herzen zum Heilen erkoren.

Königlich gleite ich durch mein Leben,
geleitet und behütet vom göttlichen Segen.
Denn behütet ist, wer den Maßstab am reinen Herzen misst.
Ich gleite am Wasser, das Wasser liebt mich – kläre ich Gefühl
und Schmerz, der aus deiner Vergangenheit spricht.
Ich bin verbunden mit Allem,
bin die Kraft, die das strahlende Herz für dich bereithält,
so lehre ich dich die Gesamtheit der Welt.
Denn du bist nur imstande zu verstehen,
kannst du die Gesamtheit aller Dinge sehen.
Weite deinen Blick, lass das Alte zurück!
Die Schönheit des Lebens kannst du durch mich erkennen.
Das ist der Grund warum mich alle „Friedensstifter" nennen.
Erhabenheit, Schönheit und Grazie finden durch mich ins Erdenleben hinein,
rein und kraftvoll, so kann dein Ausdruck ein authentischer sein.
Liebende schmücken sich gerne mit meinem symbolischen Wesen – so werden ihre Herzqualitäten erlesen.
Finden sie Zugang zueinander und zum göttlichen Kern,
steht jede Beziehung in meinem Namen unter einem wundervollen Stern."

Spinne
*(Zeitreisen, Macht, Sensibilität, Erdung, Schutz, Geborgenheit,
Traumaheilung, Verbindung und Verbundenheit)*

„Ich bin die Spinne – für deine Sinne bin ich hier,
diese schärfe ich dir.
Ich webe am Schicksalsnetz die Fäden,
mit mir kannst du darauf reisen, alte Wunden mit Liebe segnen.

Alles ist verbunden,
hast du das erkannt, ist die Angst verschwunden.
Denn Angst gedeiht nur,
wo vom Boden der Erde man sieht keine Spur.
Ein Raum von Schutz und Geborgenheit umgibt mich,
nutze ihn, spüre mein Licht.
Ich komme aus den Weiten des Weltenraums,
gereist auf den Farben des Regenbogens vollende ich deinen
Traum.
Gebe dir die Macht, Harmonie zu bewirken,
deine Schöpfermacht zu leben,
dann können die Zweifel verschwinden.
Verbinde dich mit mir, spüre die Macht,
noch hast du davor Angst, doch durch mich wird dein inneres
Feuer entfacht.
Macht kann Leben nehmen, aber auch das Schicksal zum Guten
wenden – nutze sie weise, dann wirst du dein Streben vollenden.
Hingabe an das „Große Ganze" vereint die Schöpfung vom Blatt
bis zur Wanze.
Lass dich fallen, ich fange dich auf, nutze das Symbol meines
Netzes, es bietet dir Kraft, Schutz und ein Zuhause.
Sei dir gewiss, dass in deinen Händen große Schöpferkraft ist."

Storch
(Leben/Sterben, Übergang, Frieden, Sanftmut, Loslassen)

„Für die Geburt stehe ich, für Übergänge und das Los des Lebens.
Suchst du die Anwesenheit negativer Gedanken,
suchst du in meiner Nähe vergebens.

Ich leuchte mein Umfeld mit Lebenswillen und -freude aus,
denn nur an positiven Plätzen errichte ich ein Zuhaus.
Ich bewache das Leben, bin Symbol für den Frieden darin,
diesen zu teilen ist mein größter Lebenssinn.
Auch dich lass ich gerne daran Teil haben,
vor allem an lebenstrüben Tagen.
Zeige dir, dass Frieden auch im Unfrieden seinen Platz findet,
dass es nur dein Verstand ist, der dich an einen Zustand bindet.
Wertungen sind des Glückes Graus, spare sie so gut wie möglich
aus.
So, wie ich für das Leben einstehe, stehe ich auch für den
Großen Übergang,
denn ohne Tod wäre das Leben in unendlichen Kreisen gefangen.
Würde sich immer mehr durch sich selbst reduzieren,
nichts Neues, geboren aus Freiheit, würde mehr existieren.
Erkenne, Mensch, der Tod ist der Weg ins Leben,
meistere die Angst davor, und du hältst stand allen Beben.
Denn jede Angst entspringt der einen,
bist du im Leben schon gestorben, musst du um dein Schicksal
nicht weinen.
Lass los, alles – jedes Bild, jeden Besitz,
was nicht heißt, dass du ohne Wort und Haus dasitzt.
Dein Anhaften ist die wahre Bürde,
räume hinfort die selbstgeschaffene Hürde.
Denn wer im Geiste und von innen ist frei,
erspart sich wirklich einerlei.
Ich lehre dich, dein Leben zu genießen,
unterstütze dich zu sehen, was du wirklich brauchst und bist.
Verhindere, dass die Knospen deiner Angst unaufhörlich sprießen, damit du mit dir und der Welt im Einklang bist."

Strauß
(Verbindung von Himmel und Erde, Gemeinschaft, Ruhe/Sammlung, Kraft)

„Ein Großer des Landes bin ich, ein Vogeltier.
Bringe den Himmel zur Erde.
Kraft zu bündeln, glaube mir,
stehe ich für das Leben in der Herde.
Einst wurde ich zum Fliegen gerufen, doch diese Zeiten sind längst vorbei,
bringe ich nun tiefliegende dankbare Erdenkraft herbei.
Doch niemals habe ich den Kontakt zum Großen Geist verloren,
wurde als Botschafter zwischen den Welten auserkoren.
Ein Herz wie ein Berg, schnell wie der Wind, aufbrausend wie Lava, weil so viele Energien in mir sind.
Zu sammeln und zu fokussieren helfe ich dir,
denn ich bin mit fast allen Wassern gewaschen.
Bringe dich auf deinem Weg schnell voran, vertraue mir,
in meiner Gegenwart musst du nicht hasten.
Die geballte Kraft, die ich in mir trage,
presst dich mit voller Wucht in den Augenblick,
sodass jeder Funken der Kontrolle wird in der Fülle erstickt.
Animalische wie himmlische Kräfte wecke ich in dir,
verbinde sie, damit sich Einklang gebiert.
Lehre dich Umsicht und den klaren, weiten Blick,
verlass dich lieber mehr auf dich als auf andere,
hole deine Präsenz zu dir zurück.
Wenn du zuviel im Außen bist, unterstütze ich dich gerne,
hole dich zurück aus der Gedanken und Emotionen Ferne.
Hier bei dir ist dein Zuhaus,
lade ich dich ein, mit mir hier zu sein.

Wenn du einst angekommen bist, magst du gar nicht mehr raus,
dann wird die Suche weniger, das Lebensgefühl spürbar fein.
Ich bin gekommen, um dich dort abzuholen, wo du stehst,
damit du ab jetzt deinen Weg niemals mehr alleine gehst.
Ich bin bei dir auf alle Zeit,
mach dich für einen treuen Begleiter bereit.“

Tiger
(Stärke, Durchsetzungsvermögen, Toleranz, Weisheit, Einsicht)

„Ein Kämpfer bin ich, ruhevoll und stark,
weil ich die Welt verändern mag.
Ungerechtigkeit möchte ich nicht tragen,
meine Stimme ist laut, um die Wahrheit zu sagen.
Ich stehe ein für meine Sicht,
doch darauf festbeißen werde ich mich nicht.
Ich sehe auch die Wahrheit desjenigen, der neben mir steht,
weiß um die Bruderschaft und dass niemand den Weg alleine
geht.
Toleranz ist mir vom Großen Geist gegeben,
so verbinde ich die Weisheit aller Leben.
Ein weiser Lehrer schlummert in dir,
denn dein weiter Blick ist dem großen Geheimnis auf der Spur.
Bist du immer bemüht, mit allem im Frieden zu sein,
stellt sich die innere Größe ein.
Frieden heißt nicht, den Konflikt zu meiden –
sage, was du denkst,
toleriere die Meinung des anderen und beende so das Leiden.
Schenk dir selbst die Liebe, die du in der Welt erhoffst.
Gönne dir Zeit alleine, denn der Weise ruht oft.

Denn nur in dir kannst du die Wahrheit finden,
im Inneren, wo die Schleier der Illusion verschwinden."

Wal

*(Erleuchtung, Einheit, Harmonie des Seins, Loslassen, Weisheit,
Verbindung mit dem alten Wissen, Gelassenheit, Verständnis,
Zulassen von Nähe, Sammlung im Zentrum)*

„Der König der Meere bin ich,
erkennst du in mir dein wahres Gesicht.
Tief in die Seele vermag ich zu sehen,
vernimmst du des Lichtes Klang,
kannst du der Reise der wahren Erkenntnis nicht mehr wider-
stehen.
Ab dann wird dich das Licht der Sehnsucht leiten,
nach Hause und den Weg der Erleuchtung bereiten.
Es ist dein Erbe, nimm es dir.
Es lag schon immer als Same in dir, das zeige ich dir hier.
Gilt es nur, den Blick ins Innen und nicht ins Außen zu wenden,
dann hältst du die Welt in deinen Händen.
Denn in dir ist ein klares Wissen um die Einheit aller Dinge,
berührst du erst einmal dieses Erleben, schärfen sich alle deine
Sinne.
Sei bereit für alles, lerne, in das Neue hineinzustreben,
nichts zurückzuhalten, dich voll und ganz hinzugeben.
Meine Präsenz ist jene, die alles erschafft –
bin ich der größte Schöpfer, die größte Schöpferinnenkraft.
Mit meiner Liebe wirst du eins,
ich führe dich an einen Platz –
dort findest du im Herzen der Dinge der Fülle Schatz.

Denn der Verstand reguliert, er teilt und selektiert,
weil er Angst hat, dass ihn die geballte Ladung des Seins malträtiert.
Keine Angst musst du haben,
zeigt dir die Außenwelt doch nur den Spiegel von deinem eigenen Namen.
Denn außen ist innen, mehr als innen gibt es nicht.
Du bist alles, höre die Weisheit, die aus mir zu dir spricht.
Ich lehre dich, die Liebe zu verstehen
das Wohlwollen in allem und die Einheit der Weltenseele
zu sehen."

Wildschwein
(Kraft, Ausdauer, Genuss, Liebe zu Allem, Verständnis, Bescheidenheit)

„Hüter bin ich, Wächter – ein Erdentier,
die stärkste Kraft der Erde bewahre ich mir.
Mit der Macht der höchsten Götter verbunden,
auf die Erde gesandt, um zu dienen dem ewigen Sein,
als Verbindung zwischen Erden und Himmelreich,
bin ich mit unsagbarem Stolz ein Schwein.
Trotz meiner großen Macht wurde mir Bescheidenheit in die Wiege gelegt,
denn ich weiß, dass Hochmut nicht im Herzen der Dinge entsteht.
Wer Verbindung zur „großen Kraft" hat, ist in Demut hingegeben, denn er kennt seine Aufgabe im Erdenleben.
Weiß, dass niemand besser oder wichtiger als jemand anderes ist,

die Mischung macht das Leben –
auf dass du das nie mehr vergisst.
Ich lehre dich Überblick und Verständnis,
daraus lernst du zu lieben,
Ausdauer und Kraft, in Mission für den Frieden.
Zusammenarbeit ist ein hohes Gut,
nutze sie, sie tut deiner Seele gut.
Die größten Werke wurden im Zusammensein großer Seelen
geschaffen,
allein bist du mächtig, aber nicht all-schaffend.
Lehne dich manchmal zurück und genieße dein schönes Leben,
von diesem Genuss kann ich dir reichlich geben.
Freude empfinde ich für jedes Wesen und Leben,
denn allem ist ein gemeinsamer Lebensgeist gegeben.
Du und ich, wir sind verbunden bis in alle Zeit,
Mensch und Schwein in trauter Zweisamkeit.
Beide sind wir Hüter der Erde,
damit durch uns wieder Frieden auf diesem Planeten werde."

Wolf

*(Intuition, Weisheit der Ahnen, magische Kraft, Teamgeist, über-
sinnliche Fähigkeiten, Heilung auf allen Ebenen, Anerkennen der
wilden inneren Natur)*

„Seit geraumer Zeit bin ich ein Schamanentier,
die Weisen der Erde wussten meine Kräfte zu nutzen, das sage
ich dir.
Sie haben sich mit meiner Kraft umgeben,
denn sie wussten, wo ich bin, ist auch der große Segen.
Vom Glück geleitet, vom Optimismus geküsst,

wird das Leben zu Gold, wo ein Wolf in der Nähe ist.
Die Sippe ist mir wichtig, deshalb stehe ich für den Herdengeist.
Intuitiv kenne ich mein Revier, nichts geschieht hier, von dem ich nichts weiß.
Tiefes Wissen um die Natur und den Zusammenhang der Kräfte fließt durch meine Körpersäfte.
Immer den passenden Rat zur richtigen Zeit –
kommuniziere mit den Geistern,
mache dich für wahre Gemeinschaft bereit.
Wäre die Erde ein Tier, sie wäre ein Wolf, das sage ich dir.
Alt bin ich als Seele,
doch erwecke ich in dir auch die kindlichen Wege.
Alles in einem bekommst du,
verbindest du dich mit meiner Kraft,
große Weisheit ruht in dir –
finde den Platz fernab von Eile und Hast."

Zebra
(Polarität ausgleichen, Toleranz, Intentionskraft, Mut, Wahrheit)

„Nichts ist nur Schwarz-Weiß, das musst du einfach verstehen,
sonst wirst du im Spiel der Dualität untergehen.
Ich zeige dir, dass es auch Zwischenräume gibt,
Bunt und Grauzonen, die man lebt, wenn man liebt.
Liebe heißt, den Horizont zu erweitern,
nicht schon an der Wertung der Dinge zu scheitern.
Am Anfang war der Gedanke, er brachte Trennung hervor,
lass die Gedanken hinter dir und nutze das „Einheits-Tor".
Alles erfüllt seinen Zweck –

laufe vor nichts und niemandem weg.
Denn nur dem Mutigen zeigt sich am Ende das Lebensglück.
Wer sich in der Zone der Gewohnheit bewegt,
wird nie den unsagbaren Nektar des Lebens kosten,
wird am Ende des Lebens müde werden und rosten.
Ich helfe dir, aus der Komfortzone zu gehen,
nicht alles immer mit ängstlichen Augen zu sehen.
Dort draußen wartet das Leben auf dich,
versperre dich nicht, genieße die Sicht.
Ich zeige dir neue Wege, um zu leben,
bist du unsicher, werde ich dir meine helfenden Hände geben.
Gemeinsam sind wir ein gutes Team, das noch unbekannte
Wege geht, für ein gemeinsames Ziel zusammensteht.
Schaue aus deinen gewohnten Mustern heraus,
sie bieten dir schon lange mehr kein Zuhaus.
Siehst du nicht, dass alles jeden Tag größer wird,
bis du am Ende eins bist mit der Schöpfung selbst?
Dann bist du das Leben, die Liebe – die Welt.“

Qualitätsindex

Ahnenkontakt und Ahnenheilung
Bernstein, Haselnuss, Holunder, Rosmarin, Salbei, Wacholder, Eibe, Frosch, Fuchs, Wolf

Alchemie/Transformation einleiten und ausgleichen
Alant, Amethyst, Silber, Haselnuss, Mistel, Eberesche, Eibe, Biene, Fuchs, Geier, Schlange

Alte Muster auflösen/Freiheit
Citrin, Jade, Labradorit, Larimar, Sodalith, Ingwer, Tabak, Kiefer, Adler, Drache, Jaguar, Panther, Schmetterling, Wal

Altes Wissen/Verbindung mit dem inneren Wissen/Weisheit
Amethyst, Bergkristall, Bernstein, Labradorit, Larimar, Lemuria Quarz, Silber, Ginseng, Holunder, Wacholder, Eibe, Esche, Amsel, Bär, Büffel, Delfin, Elefant, Eule, Hirsch, Maus, Panther, Wal

Ankommen/Gefühl/Fühlen/Sanftheit
Rosenquarz, Sodalith, Erle, Weide, Falke, Hummel, Katze, Lachs, Pfau, Wal

Durchhaltevermögen/Ausdauer/Beständigkeit
Wegerich, Fichte, Tanne, Kiefer, Lärche, Pappel, Büffel, Elefant, Kamel, Tiger, Wildschwein

Emotionale Klärung
Bernstein, Topas, Lavendel, Schafgarbe, Birke, Lachs, Schwan

Emotionale Wunden heilen und Traumaheilung
Rosenquarz, Smaragd, Sodalith, Eisenkraut, Ingwer, Mistel, Schafgarbe, Delfin, Frosch, Spinne

Entspannung/Ruhe/Gelassenheit
Mond, Amethyst, Koralle, Peridot, Rubin, Topas, Hopfen, Kamille, Eule, Pinguin

Erdung/Verwurzelung im Sein
Elestial, Erdenhüter, Engelwurz, Holunder, Myrrhe, Salbei, Tabak, Drache, Elefant, Schlange, Spinne

Erfolg/Potenziale leben
Elestial, Granat, Koralle, Opal, Pappel, Adler, Gepard

Erfüllung/Fülle
Sonne, Aquamarin, Granat, Topas, Haselnuss, Johanniskraut, Kakao, Myrrhe, Zimt, Kirschbaum, Frosch, Hummel

Erwachen/Erleuchtung/Verbundenheit/Einheit
Sonne, Bergkristall, Chrysokoll, Diamant, Elestial, Labradorit, Opal, Türkis, Hagebutte, Apfelbaum, Adler, Hummel, Kakadu, Kondor, Libelle, Löwe, Luchs, Qualle, Rabe, Schildkröte, Schmetterling, Schwan, Wal

Freundschaft/Gemeinschaft erschaffen und spüren
Sonne, Achat, Tigerauge, Löwenzahn, Salbei, Fichte, Linde, Ulme, Zwetsche, Büffel, Libelle, Hund, Strauß, Wolf

Fruchtbarkeit
Vogelmiere, Ahorn, Weißdorn, Holunder, Hase

Gemütlichkeit/Harmonie/Balance

Achat, Rosenquarz, Sodalith, Myrrhe, Apfelbaum, Birnbaum, Walnuss, Hase, Hummel, Löwe, Pinguin, Zebra

Grenzen wahrnehmen und setzen

Patschuli, Brennnessel, Robinie, Kastanie, Hirsch, Krokodil

Heiliger Raum/Segnen

Rose, Palo Santo, Lavendel, Rosmarin, Salbei, Weihrauch, Zimt, Ahorn, Wacholder

Heilige Männlichkeit/Heilung von Vaterthemen

Sonne, Bergkristall, Citrin, Gold, Weihrauch, Mistel, Eiche, Adler, Fuchs, Hirsch

Heilige Weiblichkeit/Heilung von Mutterthemen

Chrysokoll, Mondstein, Basilikum, Kamille, Lavendel, Myrrhe, Taubnessel, Birke, Birnbaum, Eibe, Linde, Tanne, Reh, Schlange

Heilsame Schattenarbeit

Onyx, Rauchquarz, Kakao, Fledermaus, Schlange

Heilung/Heilkraft

Amethyst, Aventurin, Carneol, Erdenhüter, Gold, Basilikum, Rose, Taubnessel, Zimt, Zeder, Amsel, Bär, Giraffe, Qualle, Reh, Schlange, Wolf

Herz/Liebe/Vergebung/Mitgefühl

Chrysokoll, Diamant, Gold, Jade, Lemuria Quarz, Malachit, Peridot, Rosenquarz, Türkis, Basilikum, Cistrose, Engelwurz, Holunder, Kakao, Mariengras, Myrrhe, Rose, Linde, Zeder, Bär, Biene,

Delfin, Eichhörnchen, Fuchs, Hase, Hirsch, Hund, Katze, Kondor, Luchs, Libelle, Schmetterling, Wildschwein

Hingabe/Loslassen/Vertrauen
Aquamarin, Chrysokoll, Jade, Rauchquarz, Kamille, Ahorn, Apfelbaum, Platane, Katze, Krokodil, Reh, Qualle, Storch

Höheres Selbst/Gottverbindung
Bergkristall, Opal, Copal, Engelwurz, Gundermann, Mistel, Weihrauch, Weißdorn, Esche, Lärche, Zeder, Adler, Amsel, Biene, Geier, Kondor, Lachs, Pegasus, Qualle, Rabe, Schwan

Innenschau/tiefe Einblicke
Mond, Hämatit, Gundermann, Hagebutte, Schildkröte

Inneres Kind
Mariengras, Apfelbaum, Birke, Frosch, Pfau, Reh

Intuition/Hellsichtigkeit/Feinfühligkeit/Sensibilität
Aragonit, Bergkristall, Carneol, Hämatit, Labradorit, Silber, Smaragd, Baldrian, Hopfen, Sandelholz, Schafgarbe, Weide, Amsel, Einhorn, Hund, Jaguar, Krähe, Pferd, Rabe, Spinne, Wolf

Klarheit/ Ordnung
Achat, Aquamarin, Bergkristall, Diamant, Tigerauge, Thymian, Buche, Kastanie, Robinie, Adler, Ameise, Falke, Fuchs, Pegasus, Strauß

Kommunikation/Nähe zulassen/Öffnung
Aquamarin, Rosenquarz, Rose, Kiefer, Weide, Ameise, Delfin, Frosch, Wal

Kontakt zu Naturgeistern und der Geistigen Welt

Hämatit, Zinnkraut, Schafgarbe, Jaguar, Kakadu, Krähe, Pegasus, Qualle, Rabe

Licht/inneres Leuchten

Sonne, Alant, Bergkristall, Citrin, Labradorit, Hopfen, Löwenzahn, Birke, Tanne, Weißdorn, Hirsch

Meditation/Frieden/Sein/Stille

Mond, Amethyst, Koralle, Peridot, Smaragd, Hagebutte, Kakao, Sandelholz, Schafgarbe, Vogelmiere, Fichte, Tanne, Bär, Biene, Hase, Löwe, Maus, Pinguin, Schildkröte

Meisterschaft

Gold, Silber, Türkis, Eiche, Einhorn

Optimismus/Freude/Lebenslust/Leichtigkeit

Carneol, Citrin, Peridot, Rubin, Tigerauge, Ingwer, Johanniskraut, Mariengras, Vogelmiere, Zimt, Eberesche, Zwetschenbaum, Delfin, Eichhörnchen, Gepard, Giraffe, Kamel, Lachs

Reinigung/Klärung

Mond, Bergkristall, Hämatit, Silber, Beifuß, Copal, Gänseblümchen, Palo Santo, Rosmarin, Salbei, Tabak, Thymian, Weihrauch, Platane, Zeder, Adler, Einhorn, Frosch, Krähe, Reh, Schwan

Sammlung/Kraft/Präsenz

Achat, Aragonit, Erdenhüter, Gold, Granat, Onyx, Eisenkraut, Ginseng, Holunder, Thymian, Eiche, Ameise, Bär, Drache, Fuchs, Jaguar, Leopard, Luchs, Pferd, Strauß, Tiger, Wildschwein

Seelenrückholung
Mistel, Esche, Ulme

Seelenweg/Führungsqualitäten
Gold, Lapislazuli, Opal, Kirschbaum, Adler, Eichhörnchen, Gepard, Giraffe, Kakadu

Sexualität
Bernstein, Patschuli, Sandelholz, Schlange

Stabilität/Schutz
Turmalin, Ackerschachtelhalm, Beifuß, Brennnessel, Haselnuss, Kamille, Palo Santo, Rosmarin, Tabak, Thymian, Wacholder, Fledermaus, Spinne

Transzendenz
Saphir, Turmalin, Brennnessel, Vogelmiere, Frosch, Fuchs, Geier

Übergang/Initiation
Onyx, Silber, Salbei, Lärche, Zeder, Drache, Storch

Verjüngung/Sinnlichkeit/Schönheit
Gold, Koralle, Rosenquarz, Saphir, Smaragd, Eisenkraut, Gänseblümchen, Ginseng, Rose, Birnbaum

Vision/Manifestieren/aktivesTräumen
Elestial, Lapislazuli, Larimar, Beifuß, Löwenzahn, Tabak, Weihrauch, Kastanie, Gepard

Wut, Trauer, Sorgen und Ängste annehmen und auflösen
Lapislazuli, Pyrit, Turmalin, Zimt, Kastanie, Delfin, Wal

Daniel Atreyu
Die 12 Erkenntnisse zur Inneren Meisterschaft
Der Anfang und das Ende aller Dinge
64 Seiten, 11,5 x 16,5 cm, broschiert
ISBN 978-3-95531-060-8

Zwölf Erkenntnisse hat Daniel Atreyu von einem Zusammenschluss aus Meistern empfangen, die sich ihm als „die Meister des goldenen Herzens" vorgestellt haben. Sie thematisieren grundsätzliche Gesetze, die zu tiefgreifenden Veränderungen führen können, wenn wir uns ihrer immer wieder bewusst erinnern und jeder für sich beginnt, sie im täglichen Leben zu praktizieren und umzusetzen. Das Wichtigste aber ist der erste Schritt der Bewusstwerdung, der hier in verständlicher Form dargelegt wird.

Sonja Ariel von Staden
Das Erdenherz-Chakra
Neue Kraft aus der Erde für die Welt
80 Seiten, 11,5 x 16,5 cm, broschiert, vierfarbig
Kleine Reihe
ISBN 978-3-95531-108-7

Möchtest du dich stabil und sicher fühlen im Leben? Deine kostbaren
Jahre auf der Erde kraftvoll und entspannt erleben? Dann genieße die
Kraft der neuen Energieressource des Erdenherz-Chakras, das sich im
Jahr 2014 entwickelt und geöffnet hat, damit alle Menschen mit Gelassenheit und innerer Stabilität in eine neue Dimension der Erkenntnis und Liebe eintauchen können.
Die Erde selbst schenkt dir in diesem Buch viele Impulse für ein glückliches Leben. Eine völlig neue und verstärkte Möglichkeit, den Kontakt zur Erde bewusst zu erleben und zu genießen."